Οδηγός για τον Νέο Κόσμο

Γιατί η αμοιβαία διασφάλιση
είναι το κλειδί για την ανάκαμψη
από την παγκόσμια κρίση

Michael Laitman, PhD
&
Anatoly Ulianov, PhD

Οδηγός για τον Νέο Κόσμο: Γιατί η αμοιβαία διασφάλιση είναι
το κλειδί για την αποκατάσταση από την παγκόσμια κρίση
Copyright © 2012 από τον Michael Laitman
Πλήρη κατοχυρωμένα δικαιώματα

Αρχικά εκδώθηκε στα Αγγλικά από τον Εκδοτικό Οίκο ARI
www.ariresearch.org | info@ariresearch.org
1057 Steeles Avenue West, Suite 532,
Toronto, ON, M2R 3X1, Canada
2009 85th Street #51, Brooklyn, New York, 11214, USA
Τυπώθηκε στον Καναδά

Κανένα μέρος αυτού του βιβλίου δεν μπορεί να
χρησιμοποιηθεί ή να αναπαραχθεί με κανέναν τρόπο χωρίς
την έγγραφη άδεια από τον εκδότη, πλην των περιπτώσεων
των σύντομων αποσπασμάτων του βιβλίου πάνω σε βασικά
άρθρα ή κριτικές.

ISBN: 978-1-6671-0678-6

Μετάφραση: Άκης Βασιλειάδης
Επιμέλεια: Άκης Βασιλειάδης
Συντάκτης αντιγράφου: Μάρκος Ζωγράφος
Σχεδιασμός: Μόλλυ Μπόλτε
Εξώφυλλο: Ίννα Σμιρνόβα

Πρόλογος..5
Η Δομή του Βιβλίου..7

ΠΡΩΤΟ ΜΕΡΟΣ: ΕΠΑΝΑΣΤΑΣΗ ΤΗΣ ΚΑΡΔΙΑΣ............9
Κεφάλαιο 1: Ένας Νέος Κόσμος...............................11
Κεφάλαιο 2: Η Φύση και εμείς..................................25
Κεφάλαιο 3: Η Πρακτική οδός..................................41
Κεφάλαιο 4: Κοινωνική Δικαιοσύνη..........................73

ΔΕΥΤΕΡΟ ΜΕΡΟΣ: ΚΤΙΖΟΝΤΑΣ ΜΙΑ ΝΕΑ ΚΟΙΝΩΝΙΑ...83
Κρίση και Ευκαιρία...85
Φυσική ξέλιξη..91
Κοινωνική Αλληλεγγύη..95

ΠΡΟΣΑΡΤΗΜΑΤΑ...99
Προηγούμενες εκδόσεις του Ινστιτούτου ARI
Εμείς, Εμείς, Εμείς..101
   Η Οδός προς την Κοινωνική Δικαιοσύνη..........107
   Προς την Αμοιβαία Δέσμευση............................110
   Τα Οφέλη της Νέας Οικονομίας.........................116
Η Αμοιβαία Εξασφάλιση – Εκπαιδευτική ντζέντα..131
ΣΧΕΤΙΚΑ ΓΙΑ ΤΟ ΙΝΣΤΙΤΟΥΤΟ ARI............................139
Σχετικά με τους συγγραφείς..................................143

Παραπομπές..144

ΠΡΟΛΟΓΟΣ

Η κοινωνική αναστάτωση που ξεκίνησε το 2011 εισήλθε σαν μια παγκόσμια φωτιά, απαιτώντας ισότητα, κοινωνική δικαιοσύνη, δίκαιη κατανομή εισοδήματος, και σε μερικές περιπτώσεις, δημοκρατία.

Γιατί το 1% του παγκόσμιου πληθυσμού κατέχουν το 40% του πλούτου; Γιατί τα εκπαιδευτικά συστήματα σε όλον τον κόσμο παράγουν δυστυχία και αμόρφωτα παιδιά; Γιατί υπάρχει πείνα; Γιατί το κόστος ζωής ανέρχεται όταν υπάρχει αρκετή παραγωγή κάθε βασικού προϊόντος που παρέχεται για όλους,και με ένα περισσευούμενο πλεόνασμα; Γιατί υπάρχουν ακόμα χώρες όπου η ανθρώπινη αξιοπρέπεια και κοινωνική δικαιοσύνη είναι ανύπαρκτες; Και πάνω από όλα, πότε και πως αυτά τα άδικα θα θεραπευτούν;

Το 2011, αυτά τα ερωτήματα άγγιξαν τις καρδιές εκατοντάδων εκατομμυρίων σε όλον τον κόσμο, και οι άνθρωποι βγήκαν στους δρόμους. Η κραυγή για κοινωνική δικαιοσύνη έχει γίνει ένα αίτημα γύρω από το οποίο όλοι μπορούμε να ενωθούμε, ανεξαρτήτου φυλής, θρησκείας, φύλλου, ή χρώματος, διότι όλοι επιθυμούμε μια κοινωνία όπου μπορούμε να είμαστε ασφαλείς, να εμπιστευόμαστε τους γείτονες μας και φίλους και να εγγυηθούμε το μέλλον των παιδιών μας. Σε μια τέτοια κοινωνία, όλοι θα νοιάζονται για όλους, και η αμοιβαία διασφάλιση – όπου όλοι είναι διασφαλιστές για το ευζειν των άλλων – θα ευδοκιμήσει.

Αλλά πως μπορούμε να πετύχουμε την αμοιβαία διασφάλιση; Πως οι πολίτες θα γίνουν έμπιστοι και ασφαλείς, γνωρίζοντας ότι αν πέσουν αύριο, θα υπάρχει κάποιος να τους κοιτάξει;

Η έρευνα για τις απαντήσεις σε αυτά τα πολύπλοκα και άξια ερωτήματα μας οδήγησαν στην απόφαση να γράψουμε αυτό το βιβλίο. Ναι, παρόλο όλων των προκλήσεων, πιστεύουμε ότι αυτή η αλλαγή είναι πιθανή και ότι μπορούμε να βρούμε τον τρόπο να την εφαρμόσουμε. Και ακριβώς λόγω αυτού, το βιβλίο που κρατάτε στα χέρια σας είναι θετικό και οπτιμιστικό.

Τώρα έχουμε την μοναδική ευκαιρία να κατορθώσουμε την παγκόσμια μεταμόρφωση με έναν ειρηνικό και ευχάριστο τρόπο, και αυτό το βιβλίο προσπαθεί να μας βοηθήσει να στρώσουμε τον δρόμο προς αυτόν τον στόχο.

Η ΔΟΜΗ ΤΟΥ ΒΙΒΛΙΟΥ

Το βιβλίο διαιρείται σε δυο μέρη και ευρετήρια.

ΜΕΡΟΣ 1:
Η Αντίληψη της αμοιβαίας διασφάλισης.

Κεφάλαιο 1:
Ο αναδυόμενος συλλογικός κόσμος.

Κεφάλαιο 2:
Πως η Φύση ταιριάζει στην ιδέα της αμοιβαίας διασφάλισης.

Κεφάλαιο 3:
Εφαρμόζοντας τις αρχές της αμοιβαίας διασφάλισης στην κοινωνία.

Κεφάλαιο 4:
Μια νέα προσέγγιση στην αντίληψη της κοινωνικής δικαιοσύνης.

ΜΕΡΟΣ 2:

«Κτίζοντας μια Νέα Κοινωνία». Μια επανάλειψη και νέες προοπτικές πάνω στις αρχές που παρουσιάστηκαν στο πρώτο Μέρος.

Ευρετήρια
Αναφορές σε εκδόσεις που αφορούν την κοινωνία, οικονομία, και εκπαίδευση.

Μέρος Πρώτο

Επανάσταση της καρδιάς

ΕΝΑΣ ΝΕΟΣ ΚΟΣΜΟΣ

«Είμαστε όλοι στο ίδιο πλοίο, μια παγκόσμια οικονομία. Οι τύχες μας ανεβαίνουν και πέφτουν μαζί. ... Έχουμε συλλογική ευθύνη – να φτιάξουμε έναν πιο σταθερό και δημιουργικό κόσμο, έναν κόσμο στον οποίο κάθε άτομο σε κάθε χώρα μπορεί να φτάσει την πλήρη δυναμικότητά του».[1]
Κριστίν Λαγκάρντ, Διευθύνουσα
του Διεθνούς Νομισματικού Ταμείου (ΔΝΤ)

Η παγκόσμια αναστάτωση του 2011 άλλαξε τον κόσμο ανεπανόρθωτα. Εκατομμύρια άνθρωποι βγήκαν στους δρόμους σε αρκετές χώρες σε κάθε ήπειρο, από την Αραβική Άνοιξη μέχρι και την Κατάληψη της Wall Street. Οπουδήποτε κτύπησε η «κοινωνική καταιγίδα» οι απαιτήσεις για κοινωνική δικαιοσύνη και ισότητα αντοίχησε μέσω των πληθών (με κατανοητές διαφοροποιήσεις ανάμεσα σε χώρες και κουλτούρες). Οι άνθρωποι άρχισαν να απαιτούν λύσεις στα προβλήματά τους, ήθελαν αλλαγή. Συχνά, οι άνθρωποι δεν μπορούσαν να εκφράσουν τις απαιτήσεις τους με λέξεις αλλά μια βαθιά αίσθηση ότι τους κακομεταχειρίζοταν τους ώθησε να δράσουν, να βγουν στους δρόμους για να διαδηλώσουν και μερικές φορές να ριψοκινδυνέψουν τις ζωές τους.

Γιατί έγιναν αυτές οι διαδηλώσεις; Γιατί έγιναν αυτήν την χρονική στιγμή; Γιατί συνέβησαν με τέτοιο συγχρονισμό που να φαίνεται ότι η μια πυροδότησε την άλλη; Για να καταλάβουμε πως λειτουργούν τα πράγματα σε παγκόσμιο επίπεδο χρειάζεται να παρατηρήσουμε την ανθρώπινη κατάσταση από μια ευρύτερη γωνία από το να θεωρήσουμε την κάθε ανθρώπινη κατάσταση ξεχωριστά.

«Οι ιστορικοί θα κοιτάξουν πίσω και θα πουν ότι δεν ήτο κάποια συνηθισμένη περίοδος αλλά μια οριστική στιγμή: μια πρωτάκουστη περίοδος παγκόσμιας αλλαγής, μια περίοδος που ένα κεφάλαιο τελείωσε και ένα νέο ξεκίνησε – για τα έθνη, για τις ηπείρους, για τον κόσμο όλο».[2]

Gordon Brown, ιστορικός,
πρώην Πρωθυπουργός του Ηνωμένου Βασιλείου (2008)

Από το ξέσπασμα της παγκόσμιας κρίσης του 2008 έχει γίνει ξεκάθαρο ότι βρισκόμαστε σε ένα σημαντικό ιστορικό σημείο. Το ποσοστό των διαζυγίων αυξάνεται σταθερά και αρκετοί άνθρωποι δεν έχουν την επιθυμία να παντρευτούν και να κάνουν οικογένεια.[3] Η χρήση των ναρκωτικών αυξάνεται [4]και η βία συνεχίζεται παρόλο που ο αριθμός των κρατουμένων στις φυλακές των Η.Π.Α. έχει διπλασιαστεί τα τελευταία δέκα έτη.[5] Το εκπαιδευτικό σύστημα καταρρέει [6]είτε με τα ιδρύματα που προσφέρουν χαμηλό επίπεδο σπουδών είτε με την παιδεία που είναι πέρα από τις οικονομικές δυνατότητες των περισσοτέρων ανθρώπων.[7] Η προσωπική ανασφάλεια είναι τόσο υψηλή που σήμερα ο αριθμός των όπλων στα χέρια των πολιτών[8] στην Αμερική υπερτερεί αυτόν των πολιτών και η μόδα αυτή αναπτύσσεται.[9] Υπό το πρίσμα όλων αυτών δεν είναι έκπληξη που «το 40 τις εκατό των ανθρώπων υποφέρουν από μια νοητική ασθένεια».[10]

Μέχρι σήμερα η ανθρωπότητα είχε σταδιακά προχωρήσει από γενιά σε γενιά με την ελπίδα ότι τα παιδιά μας θα έχουν μια καλύτερη ζωή από την δική μας. Αυτό μας έδωσε δύναμη και ελπίδα. Σήμερα όμως το μέλλον δεν φαίνεται λαμπρό. [11]Φαίνεται ότι η ανθρωπότητα έχει χάσει το προσανατολισμό της.

Η σημαντικότερη ένδειξη της σύγχισης μας για το μέλλον είναι η οικονομική κατάσταση. Από το 2008 ο κόσμος είναι σε μια παρατεινόμενη οικονομική κρίση. Το χειρότερο είναι ότι οι προοπτικές για να βρεθεί έξοδος από την κρίση φαίνονται χαμηλές. Ο Nouriel Roubini, ένας κορυφαίος οικονομολόγος που προέβλεψε την παγκόσμια κρίση, προειδοποίησε ότι μπορεί να αντιμετωπίζουμε «Μια άλλη Μεγάλη οικονομική Δυσπραγία. Η κατάσταση χειροτερεύει και η μεγάλη διαφορά μεταξύ του τώρα και λίγων ετών πριν είναι ότι αυτήν την φορά εξαντλείονται οι οποιεσδήποτε πολιτικές λύσεις».[12]

Ο μεγαλοεπιχειρηματίας και επενδυτής Γεώργιος Σόρος ισχυρίζεται, «Είμαστε στα πρόθυρα μιας οικονομικής κατάρρευσης».[13] Ο νυν Κυβερνήτης της Τράπεζας της Αγγλίας, Sir Mervyn King, ολοκληρώνει, «Αυτή είναι η πιο σοβαρή οικονομική κρίση που έχουμε δει, τουλάχιστον από την δεκαετία του 1930».[14]

Η συνεχής κατάρρευση της παγκόσμιας οικονομίας είναι ανησυχητική διότι αφορά κάτι περισσότερο από τα χρήματά μας. Η οικονομία δεν είναι ένα ουδέτερο, εμπορικό , τραπεζικό και βιομηχανικό δίκτυο. Πάνω από όλα αντανακλά τις δικές μας φιλοδοξίες και επιθυμίες, τις σχέσεις μας και την κατεύθυνση προς την οποία πηγαίνουμε. Ως εκ τούτου, όπως θα αναλυθεί με λεπτομέρειες εκατέρωθεν, μια κρίση στην οικονομία δείχνει ένα σοβαρό πρόβλημα στην κοινωνία- δηλαδή τις ανθρώπινες σχέσεις.

ΤΙ ΕΙΝΑΙ ΜΙΑ ΚΡΙΣΗ;

Το Λεξικό Merriam-Webster ορίζει την κρίση ως «Το οριακό σημείο για το καλύτερο ή το χειρότερο». Καθώς και ως «την αποφασιστική στιγμή», και «μια κρίσιμη ή ασταθής περίοδος ή κατάσταση στην οποία επίκειται μια αποφασιστική αλλαγή», ή «μια κατάσταση που έχει φτάσει σε μια κρίσιμη φάση».
Στα Ελληνικά, Κρίσις, σημαίνει «απόφαση», από το κρίνειν, «αποφασίζω».

Η σύνδεση ανάμεσα στους ανθρώπους όλου του κόσμου έχει ωριμάσει τις τελευταίες δεκαετίες. Η Παγκοσμιοποίηση έχει δημιουργήσει μια ροή αγαθών, υπηρεσιών, πληροφοριών, και ανθρώπων από μέρος σε μέρος, που ουσιαστικά «συρρικνώνει» τον κόσμο σε ένα παγκόσμιο χωριό. Ο Ian Goldin, Διευθυντής της σχολής Μάρτιν του Πανεπιστημίου της Οξφόρδης, και πρώην Αντιπρόεδρος της Παγκόσμιας Τράπεζας ανέφερε σε μια διάλεξη: «Η Παγκοσμιοποίηση γίνεται όλο και πιο περίπλοκη, και αυτή η αλλαγή γίνεται με πιο γρήγορο ρυθμό. Το μέλλον θα είναι πιο απρόβλεπτο. ...Αυτό που συμβαίνει σε ένα μέρος πολύ γρήγορα επηρεάζει όλα τα υπόλοιπα. Αυτό είναι ένα ριψοκίνδυνο σύστημα».[15]

Η Παγκοσμιοποίηση έχει κάνει ξεκάθαρο ότι όλοι είμαστε συνδεμένοι και εξαρτώμενοι ο ένας από τον άλλον σαν τα γρανάζια σε μια μηχανή. Ένα γεγονός που συμβαίνει σε μια περιοχή του πλανήτη μπορεί να υποκινήσει μια αλυσιδωτή αντίδραση που στέλνει κύματα σε όλον τον κόσμο.

Οι εμπορικές διασυνδέσεις στην αυτοκινητοβιομηχανία μεταξύ των Η.Π.Α. και της Ιαπωνίας εξηγούν πως η αλληλοεξάρτηση είναι το όνομα του παιχνιδιού σε έναν παγκοσμιοποιημένο κόσμο. Ο καταστρεπτικός σεισμός και το τσουνάμι που κτύπησαν την Ιαπωνία την 11 Μαρτίου του 2011, παρεμπόδισε την αλυσίδα παραγωγής και εισαγωγή αυτοκινήτων και ανταλλακτικών από την Ιαπωνία προς τις Η.Π.Α.. Αν και επηρέασε δυσμενώς τα εργοστάσια παραγωγής αυτοκινήτων της Ιαπωνίας, επηρέασε θετικά άλλους κατασκευαστές οι οποίοι και κέρδισαν ποσοστά στην αγορά εξ αιτίας των προβλημάτων της Ιαπωνίας.

Η οικονομική αγορά είναι ίσως το καλύτερο παράδειγμα της διεθνούς αλληλοεξάρτησης. Τα κυβερνητικά ομόλογα που αγοράστηκαν από άλλες κυβερνήσεις διατηρούν οικονομίες αλλά και χώρες σε άλυτα δεσμά. Η Κινέζικη κυβέρνηση, για παράδειγμα, πρέπει να αγοράζει Αμερικανικά ομόλογα έτσι ώστε οι Αμερικανοί να αγοράζουν Κινέζικα προϊόντα για να διατηρηθεί η ανάπτυξη της Κίνας και να την προστατέψει από την ανεργία.

Ο εκδότης του Διεθνούς περιοδικού Newsweek, Fareed Zakaria, με ευγλωττία περιέγραψε αυτό το μπλέξιμο σε ένα άρθρο του Newsweek με τίτλο, «Βγάλτε έξω τα πορτοφόλια: Ο κόσμος χρειάζεται τους Αμερικανούς να ξοδέψουν»: «Αν μου έλεγαν οι οικονομικά ισχυροί ότι θα μπορούσα να είχω την απάντηση σε ένα ερώτημα για την μοίρα της παγκόσμιας οικονομίας θα ρωτούσα, «Πότε θα αρχίσει ο Αμερικάνος καταναλωτής να ξοδεύει πάλι;»[16] Πράγματι έχουμε γίνει ένα παγκόσμιο χωριό, εντελώς εξαρτώμενοι ο ένας από τον άλλο για τη συντήρησή μας.

Ένα πρόσφατο παράδειγμα παγκόσμιας αλληλοεξάρτησης είναι η κρίση του ορίου του Αμερικανικού χρέους. Τον Ιούλιο του 2011, οι Η.Π.Α. χρειάζοταν να οριοθετήσουν το χρέος τους. Όμως, με την πολιτική διαμάχη μεταξύ των Ρεπουμπλικάνων και των Δημοκρατικών σχεδόν κόντεψε να χαθεί η προθεσμία για την διαχείρηση του χρέους. Ως αποτέλεσμα, βούλιαξαν τα χρηματιστήρια σε όλο τον κόσμο. Αν και κανείς δεν περιμένει τις Η.Π.Α. να ξεπληρώσει το τεράστιο χρέος της, το οποίο τώρα υπεβαίνει το 100% του ΑΕΠ της,[17] και ξεπέρασε τα 15 τρις δολλάρια, [18]όλοι περίμεναν ανυπόμονα τηνΑμερική να λύσει την πολιτική της διαμάχη έτσι ώστε ο κόσμος να συνεχίσει την πορεία του. Έτσι και αλλιώς, αν η Αμερική χρεωκοπούσε, δεκάδες εκατομμυρίων εργαζομένων θα έχαναν την δουλειά τους μέσα σε λίγες μέρες.

Ο καθηγητής Tim Jackson, οικονομικός επίτροπος ανάπτυξης της επιτροπής του Ηνωμένου Βασιλείου είπε σχετικά με την παγκοσμιοποίηση: «Είναι μια ιστορία για εμάς, τους ανθρώπους, στο να πειστούμε ότι το να ξοδεύουμε χρήματα που δεν έχουμε σε πράγματα που δεν χρειαζόμαστε, να δημιουργούμε εντυπώσεις που δεν θα διαρκέσουν, για ανθρώπους που δεν ενδιαφερόμαστε».[19]

Η κρίση της Ευρωζώνης, όπου η Γερμανία και η Γαλλία θα πρέπει να πληρώσουν για τα προγράμματα εγγύησης και διάσωσης των PIIGS χωρών (Πορτογαλία, Ιρλανδία, Ιταλία, Ελλάδα και Ισπανία) είναι ένα άλλο παράδειγμα οικονομικής αλληλεξάρτησης. Ενώ μπορεί να φαίνεται άδικο ότι οι Γερμανοί πολίτες πρέπει να πληρώσουν για τις παλιές σπατάλες της Ελλάδας, στην πραγματικότητα, το μεγαλύτερο μέρος της κατανάλωσης των Ελλήνων ήταν για Γερμανικά προϊόντα, κάτι το οποίο διατήρησε τους Γερμανούς εργαζομένους στην εργασία τους και στο να πληρώνουν τους φόρους τους. Έτσι υπάρχει μια συναλλαγή διπλής κατεύθυνσης. Οι Έλληνες να βοηθούν την Γερμανία να διατηρήσει την οικονομική της ισχύ και η Γερμανία να διασώζουν τους Έλληνες όταν χρεωκοπούν. Η αλληλοεξάρτηση στην πράξη!

Στο παρελθόν ο κόσμος ήταν ενοποιημένος από απομονωμένα μέρη, αλλά καθώς μεγάλωσε το δίκτυο των παγκόσμιων συνδέσμων βρεθήκαμε σε ένα κόσμο νέο, ασταθή και απρόβλεπτο. Ο γνωστός κοινωνιολόγος Anthony Giddens εξέφρασε σύντομα αλλά με ακρίβεια αυτή την αναστάτωση: «Για το καλύτερο ή το χειρότερο, έχουμε ωθηθεί σε μια παγκόσμια τάξη που κανένας δεν κατανοεί αλλά μας επηρεάζει όλους μας».[20]

Χωρίς σχεδιασμό, από την ανεξάρτητη πορεία μας στα προσωπικά πλοιάρια μας έχουμε όλοι μετακινηθεί σε ένα πλοίο στην θάλασσα της ζωής, όπως η Κριστίν Λαγκάρντ ανέφερε στη παραπάνω σε εισαγωγικά ομιλία της. Και επειδή τώρα είμαστε όλοι στο ίδιο όχημα, ξεκάθαρα είμαστε όλοι εξαρτώμενοι ο ένας με τον άλλο. Αυτό σημαίνει ότι αν όλοι δεν συμφωνήσουμε στο προς ποιά κατεύθυνση να πλεύσουμε, δε θα είμαστε ικανοί να προχωρήσουμε προς καμία κατεύθυνση, όπως έδειξε η παγκόσμιαοικονομική επιβράνδυση. Φανταστείτε τι συμβαίνει όταν χιλιάδες ανθρώπων κατευθυνθούν σε χιλιάδες κατευθύνσεις την ίδια στιγμή. Το εμφανές αποτέλεσμα θα είναι να παραλύσουμε, κάτι το οποίο περιγράφει την σημερινή μας κατάσταση.

Για να καταλάβουμε καλύτερα αυτήν την παράλυση, σκεφτείτε ένα παντρεμένο ζευγάρι στα πρόθυρα διάλυσης του γάμου του. Όταν η κρίση είναι στο αποκορύφωμά της είναι τόσο εχθρικοί ο ένας στον άλλον που δεν αντέχουν να μένει ο ένας κοντά στον άλλο. Ενώ ακόμα ζούνε στο ίδιο σπίτι περιμένουν πως και πως για να χωρίσουν τους δρόμους τους. Σε μια τέτοια ένταση οι τοίχοι φαίνεται να τους πιέζουν μαζί, αλλά ταυτόχρονα η απώθησή διώχνει τον έναν από τον άλλον. Σαν αυτό το ζευγάρι είμαστε εχθρικοί ο ένας με τον άλλον, αλλά αντίθετα με αυτό το ζευγάρι δεν μπορούμε να φύγουμε διότι δεν υπάρχει άλλη γη για να κατοικήσουμε.

«Επειδή η αλληλοεξάρτηση εκθέτει τους πάντες σε όλο τον κόσμο με έναν πρωτοφανή τρόπο, το να κυβερνάς ριψοκίνδυνα παγκοσμίως είναι η μεγαλύτερη πρόκληση για την ανθρωπότητα. Ας σκεφτούμε την κλιματική αλλαγή, τους κινδύνους της πυρηνικής ενέργειας, τις τρομοκρατικές απειλές, τις παράπλευρες επιπτώσεις της πολιτικής αστάθειας, τους οικονομικούς αντίκτυπους των οικονομικών κρίσεων, τις επιδημίες ... και ξαφνικά ο πανικός που διασπέρνουν τα ΜΜΕ όπως την πρόσφατη κρίση στην Ευρώπη με τα αγγούρια. Όλα αυτά τα φαινόμενα σχηματίζουν μέρος της σκοτεινής πλευράς του παγκοσμιοποιημένου κόσμου: η μόλυνση, η μεταδοτικότητα, η αστάθεια, η αλληλοσύνδεση, οι αναταράξεις, η κοινή ευθραστότητα.... Η αλληλοεξάρτηση είναι, στην πραγματικότητα, αμοιβαία εξάρτηση-μια αμοιβαία έκθεση στους κινδύνους. Τίποτα δεν είναι εντελώς απομονωμένο και «Οι διεθνείς σχέσεις» είναι ανύπαρκτες.... Άλλων ανθρώπων τα προβλήματα είναι τώρα δικά μας και δεν μπορούμε άλλο να τα κοιτούμε με αδιαφορία, ή να ελπίζουμε να έχουμε προσωπικό κέρδος από αυτά».[21]

Javier Solana, τέως Γενικός Γραμματέας του ΝΑΤΟ

Για να αντιμετωπίσουμε επιτυχώς την νέα πραγματικότητα πρέπει να λάβουμε υπόψιν μας την παγκόσμια, συνδεδεμένη φύση του κόσμου που εμφανίζεται μπροστά μας. Και εδώ έρχεται η επιστήμη προς βοήθεια μας. Τα συνδεόμενα συστήματα δεν είναι κάτι το καινούργιο. Όλη η φύση αποτελείται από τέτοια συστήματα. Το ανθρώπινο σώμα – μια σύγκριση που θα χρησιμοποιηθεί συχνά σε αυτό το βιβλίο – είναι ένα υπέροχο παράδειγμα ενός αλληλένδετου συστήματος. Όλα τα όργανα του σώματος είναι αλληλοσυνδεόμενα και δουλεύουν με συγχρονισμό και αμοιβαία συνεργασία. Κάθε κύτταρο και όργανο στο σώμα «γνωρίζει» τον ρόλο του και τον εκτελεί ευεργετώντας έτσι ολόκληρο τον οργανισμό: η καρδιά διοχειτεύει αίμα στο υπόλοιπο σώμα , τα πνευμόνια αφομοιώνουν οξυγόνο για το υπόλοιπο σώμα και το συκώτι καθαρίζει το αίμα για όλο το σώμα.

Την ίδια στιγμή κάθε όργανο στο σώμα μας είναι επίσης ένας καταναλωτής, λαμβάνοντας από το σώμα ότι χρειάζεται για την συντήρηση του. Και όμως, ο σκοπός της ύπαρξης του κάθε οργάνου δεν είναι εκκεντρικός, δηλαδή να ευεργετηθεί το όργανο, αλλά επικεντρώνεται σε όλον τον οργανισμό προς όφελος του. Τα όργανα υπάρχουν ως μέρος του συλλογικού που μαζί σχηματίζουν μια ολοκληρωμένη οντότητα. Χωρίς το περιεχόμενο αυτής της οντότητας δεν θα μπορούσαμε να καταλάβουμε πλήρως την λειτουργία ή τον σκοπό του κάθε οργάνου. Οι θρεπτικές ουσίες που κάθε όργανο λαμβάνει από το σώμα το κάνουν ικανό να λειτουργεί και να κατανοήσει τον σκοπό της ύπαρξής του, τον μοναδικό του ρόλο με σεβασμό στον υπόλοιπο του οργανισμού, καθώς και στο να καταλάβει την πλήρη δυναμική του μοιράζοντας το προϊόν του με ολόκληρο τον οργανισμό. Αυτή είναι η βασική κατάσταση της ζωής σε μια κοινωνία.

Όταν ένα από τα συστήματα στον οργανισμό δεν λειτουργεί ο οργανισμός χειροτερεύει προς μια κατάσταση που λέγεται «ασθένεια». Αν η κατάσταση της ασθένειας παραταθεί ή είναι σοβαρότατη, μπορεί να οδηγήσει στην κατάρρευση ολόκληρου του συστήματος και στον θάνατο του οργανισμού.
Η παγκόσμια ανθρώπινη κοινωνία και οι αλλαγές που έχουν γίνει στον κόσμο τις τελευταίες δεκαετίες δείχνουν ότι η ανθρωπότητα γίνεται ένα ενοποιημένο, αλληλένδετο σύστημα όπως και τα υπόλοιπα συστήματα στην Φύση. Ως εκ τούτου, οι νόμοι που ορίζουν τις αμοιβαίες διασυνδέσεις ανάμεσα στα στοιχεία της Φύσης τώρα ισχύουν και στην ανθρώπινη κοινωνία.

«Ο 21ος αιώνας, αντίθετα μετά την περίοδο του Συνεδρίου της Βιέννης, δεν είναι άλλο παρά ένα μηδενικό παιχνίδι νικητών και κερδισμένων. Μάλλον είναι ένας αιώνας πολλαπλών κομβικών δικτύων. Όσο καλύτερα συνδεδεμένοι είναι αυτοί οι κόμβοι μεταξύ τους τόσο πιο πολύ θα αντηχήσουν με καλύτερα ιδανικά και αρχές».[22]
Καθηγητής Ludger Kunhardt,
Διευθύνων στο Κέντρο Ευρωπαϊκών Σπουδών Ενσωμάτωσης

Μέχρι πρόσφατα νομίζαμε ότι ο καθένας μας είναι λίγο ή πολύ μια ανεξάρτητη οντότητα. Κτίσαμε μια κοινωνία που επέτρεπε σε όλους να επιτύχουν μόνοι τους ακόμα και όταν η επιτυχία ερχόταν σε βάρος των άλλων.

Αλλά αυτό το δίκτυο συνδέσεων το οποίο τώρα αναπτύσσεται μας λέει ότι αυτή η προσέγγιση δεν είναι πλέον εφικτή. Η παλιά μέθοδος έχει εξαντληθεί και τώρα έχει αναβαθμιστεί. Για να συνεχίσουμε να προοδεύουμε πρέπει να δουλέψουμε με μια νέα τεχνική που έχει αναδυθεί και είναι σε συμφωνία με την παγκοσμιοποίηση. Για να το κάνουμε αυτό πρέπει να συνδεθούμε ο ένας με τον άλλον και να δουλέψουμε μαζί.

Υπάρχουν ήδη αρκετοί ειδήμονες σε διάφορους τομείς που εξηγούν ότι ο παλιός κόσμος διαλύεται μπροστά στα μάτια μας διότι βασίζεται σε μια εγωκεντρική προσέγγιση η οποία είναι άκαιρη. Ο νέος κόσμος απαιτεί να ανακατασκευάσουμε όλα τα συστήματα και τις διαδικασίες βασιζόμενες σε μια νέα προσέγγιση συνεργασίας και αμοιβαίας διασφάλισης, όπου ο καθένας μας να είναι εγγυητής για το ευ ζειν του άλλου. Στα χρόνια που έρχονται, όλοι πρέπει να μάθουμε πως να δουλέψουμε μαζί για να εξασφαλίσουμε την επιβίωση μας. Κάθε άτομο, κάθε κοινωνία, κάθε έθνος και κάθε κράτος θα πρέπει να μάθουν να δουλεύουν μαζί.

«Η πραγματική πρόκληση σήμερα είναι να αλλάξουμε τον τρόπο σκέψης μας-όχι μόνο των συστημάτων μας, ιδρυμάτων μας ή πολιτικής μας. Χρειαζόμαστε την φαντασία να συλλάβει την τεράστια υπόσχεση – και πρόκληση – του αλληλοσυνδεόμενου κόσμου που δημιουργήσαμε.... Το μέλλον κείται με περισσότερη παγκοσμιοποίηση, όχι λιγότερη αλλά περισσότερη συνεργασία, καλύτερη επαφή ανάμεσα στους ανθρώπους και τις κουλτούρες, και ακόμα μεγαλύτερο μοίρασμα ευθυνών και ενδιαφερόντων. Είναι η ενότητα που χρειαζόμαστε στην παγκόσμια ποικιλότητα σήμερα».[23]
Pascal Lamy, Γενικός Διευθυντής του Οργανισμού Παγκοσμίου Εμπορίου

Η λύση για την παρούσα κρίση εξαρτάται πρώτα πρώτα στο να αλλάξουμε τους εαυτούς μας και να συντονιστούμε στην καινούργια πραγματικότητα. Για αυτόν τον λόγο, σε όλον τον κόσμο οι άνθρωποι αρχίζουν να αλλάζουν την συμπεριφορά τους – αρχίζουν να αισθάνονται ότι οι κυβερνήσεις τους δεν λειτουργούν σωστά και ότι δεν μπορούν να παρέχουν λύσεις στα προβλήματά τους. Αρκετοί αισθάνονται την ανάγκη να βγουν έξω στο δρόμο και να συναθροιστούν με άλλους ανθρώπους που έχουν την ίδια σκέψη.

Αναφέρουν αρκετές αιτίες για αυτές τις συναθροίσεις ανάλογα την χώρα. Στον Αραβικό κόσμο διαμαρτύρονται για δημοκρατία και ελευθερία του λόγου. Στην Ευρώπη απαιτούν λύσεις για τα προβλήματα της ανεργίας και τα μέτρα λιτότητας, και στην Αμερική διότι είναι το 1% που είναι εύποροι έναντι του 99% που δεν είναι.

Από την στιγμή που οι άνθρωποι προσέλθουν μαζί για να διαδηλώσουν, γνωρίζουν την νέα αίσθηση της ενδυνάμωσης.

Μπορείτε να το αισθανθείτε αυτό σε πόλεις σε όλη την Ευρώπη, στο «Κίνημα Κατάληψης» στις Η.Π.Α., και ακόμα στη Αίγυπτο, όπου οι άνθρωποι συνεχώς βγαίνουν στους δρόμους διότι αισθάνονται ότι μαζί έχουν τη δύναμη να πάρουν αυτό που θέλουν. Ακόμα και αν δεν μπορούν να πουν τι είναι αυτό που θέλουν, όπως τις πρώτες μέρες του Κινήματος Κατάληψης, είναι ξεκάθαρο ότι οι άνθρωποι απολαμβάνουν την εμπειρία μιας πραγματικής δημοκρατίας όπου όλες οι αποφάσεις λαμβάνονται μέσα στο συλλογικό πνεύμα παρά από τα λόμπυ και τους πολιτικούς ελιγμούς.

Η συναδέλφωση των διαδηλωτών συμφωνεί με τους νέους νόμους του παγκοσμιοποιημένου κόσμου. Αυτή η συμφωνία προσθέτει δύναμη στους διαδηλωτές, δύναμη στην οποία οι κυβερνήσεις δεν μπορούν να μείνουν αδιάφορες. Όμως, για να πετύχουν οι διαδηλωτές θα πρέπει να παραμείνουν σε αρμονία με το νόμο της παγκοσμιοποίησης. Οποιαδήποτε λύση που ευνοεί έναν τομέα ή παράταξη εις βάρος άλλων είναι τόσο εκκεντρική όσο το παρών σύστημα και είναι καταδικασμένο να αποτύχει.

Σήμερα οποιοδήποτε ομάδα καταπίεσης που ευεργετεί μόνο τον εαυτό της εις βάρος των άλλων θα δυναμώσει τις αγωνιζόμενες δυνάμεις που ήδη υπάρχουν και θα επιταχύνουν την κατάρρευση της κοινωνίας και οικονομίας εκείνης της χώρας. Η νέα κατάσταση του κόσμου αναγκάζει όλους μας, από τους απλούς πολίτες μέχρι αυτούς που λαμβάνουν αποφάσεις, να λύσουν τα προβλήματά μας με προσοχή, ευσυνειδησία και αμοιβαία διασφάλιση.

«Το ευ ζειν μας είναι αδιέξοδα περιπλεκόμενο με αυτό των ξένων από όλον το κόσμο. ... Σε κάποια στιγμή θα πρέπει να κινηθούμε πέρα από την κατάσταση διαμάχης και να προσαρμοστούμε στην αλληλοσύνδεσή μας. Όπως το έθεσε ο Κλίντον, «Βλέπουμε ότι καθώς η αλληλοεξάρτηση

αυξάνεται.... κάνουμε το καλό όταν και άλλοι άνθρωποι κάνουν το καλό και έτσι λοιπόν πρέπει να βρούμε τρόπους που να είμαστε όλοι κερδισμένοι».[24]
Gregory Rodriguez, Διευθυντής του Κέντρου Κανονικής Συνοχής του Πολιτειακού Πανεπιστημίου της Αριζόνα

Ο νέος κόσμος απαιτεί να επαναστατήσουμε τις σχέσεις μας, όχι δια βίας, αλλά στις καρδιές μας. Πρέπει να συμβεί στον καθένα μέσα μας. Στα Κεφάλαια 3 και 4, θα μιλήσουμε για τα μέσα που έχουμε στην διάθεσή μας για να πετύχουμε αυτήν την επανάσταση. Για τώρα, ας πούμε μόνο ότι ο σκοπός αυτής της επανάστασης στην αντίληψή μας είναι να διευρύνουμε την συνείδησή μας από το «εμένα» στο «εμείς», κάτι που θα μας βοηθήσει να ξεφύγουμε από τις περιορισμένες σφαίρες μας σε μια μεγαλειώδη, κοινή σφαίρα.

Δεν υπάρχει αμφιβολία ότι ζούμε σε μια ξεχωριστή περίοδο. Η αμοιβαία διασφάλιση μεταξύ μας εμφανίζεται ως νόμος της ζωής στον συνδεδεμένο κόσμο μας. Στο επόμενο κεφάλαιο θα δούμε ότι όχι μόνο όλοι οι άνθρωποι είμαστε συνδεδεμένοι αλλά ότι εμείς και η φύσις όλη σχηματίζουμε μια ενότητα.

«Ρώτησα τον Δαλάι Λάμα ποιο είναι το κλειδί για την Ειρήνη; Αυτός είπε, «Σκέψου Εμείς, και όχι Εμένα και Εγώ».[25]
Kenzo Izu, Ιδρυτής των Φίλων χωρίς Σύνορα

Η ΦΥΣΗ ΚΑΙ ΕΜΕΙΣ

«Ένα ανθρώπινο ον είναι μέρος του όλου που αποκαλείται από εμάς «σύμπαν». ... Εμείς γνωρίζουμε τους εαυτούς μας, τις σκέψεις μας και τα συναισθήματα μας ως κάτι ξέχωρο από τους υπόλοιπους, ένα είδος οπτικής απάτης της συνείδησης».[26]
Albert Einstein, σε ένα γράμμα του 1950

Ας κάνουμε ένα μικρό διάλειμμα από την φασαρία της ζωής στην μεταμοντέρνα και αυτοτιτλοεπιβαλόμενη εποχή και να δούμε από που προέρχεται η έννοια της αμοιβαίας διασφάλισης. Βαθιά στην καρδιά του απέραντου σύμπαντος κείται ένας σπυρώδης γαλαξίας χωρίς κάτι το ξεχωριστό στο σύμπαν.. Μέσα σε αυτόν τον γαλαξία είναι ένα μέσου μεγέθους αστέρι με πλανήτες και αστεροϊδείς που το περιβάλλουν όπως και πολλά άλλα αστέρια στο σύμπαν.

Όμως στον τρίτο κατά σειρά πλανήτη από το άστρο υπάρχει ένα φαινόμενο που δεν υπάρχει σε άλλους πλανήτες, ίσως σε κανέναν αλλά μόνο σε αυτόν τον πλανήτη, αν και το σύμπαν είναι πολύ μεγάλο για να το γνωρίζουμε με σιγουριά. Αυτό το φαινόμενο αποκαλείται «ζωή».

Η ζωή είναι ένα ιδιαίτερο φαινόμενο στην δυναμική της και στο ότι αλλάζει σταθερά. Όμως, δεν αλλάζει τυχαία, αλλά μάλλον με μια ξεκάθαρη πορεία – από απλή σε περίπλοκη, από τον διαχωρισμό στην ενσωμάτωση. Αμέσως μετά την Μεγάλη Έκρηξη, «Το σύμπαν κυριαρχείτο από ακτινοβολία», εξηγεί μια έκδοση του Παρατηρητηρίου Haystack του MIT.[27] «Σύντομα, τα κουάρκ συνδέθηκαν μαζί για να σχηματίσουν τα βάρυα (πρωτόνια και νετρόνια). Όταν το σύμπαν ήταν τριών λεπτών είχε κρυώσει αρκετά έτσι ώστε αυτά τα πρωτόνια και νετρόνια να συνενωθούν σε πυρήνες».

Η διαδικασία της αυξανόμενης ενσωμάτωσης και πολυπλοκότητας συνεχίστηκε, δημιουργώντας γαλαξίες, αστέρια και πλανήτες. Τουλάχιστον σε έναν πλανήτη από αυτούς τους πλανήτες η διαδικασία συνεχίστηκε πέρα από το ανόργανο επίπεδο στο οργανικό, δημιουργώντας αυτό που είναι γνωστό ως «ζωή». Αυτό επιτεύχθηκε όταν οργανικά υλικά συνδιάστηκαν με τέτοιο τρόπο ώστε να αποκτήσουν μία μοναδική ιδιότητα – την αυτοαντιγραφή. Καθώς συνέχισαν να αναδύονται αυτά τα υλικά αρμονικά με την πορεία της εξέλιξης, εξελίχθηκαν σε πιο σοφά μαθαίνοντας εξειδικευμένες λειτουργίες που ωφέλησαν ολόκληρο το συνοθύλευμα των κυττάρων (ή μορίων εντός των κυττάρων). Τέτοιες δομές στηρίχτηκαν στα υπόλοιπα στοιχεία της ομάδας για να τους παρέχουν τα απαραίτητα για τις ανάγκες τους ενώ συνέχισαν να προσφέρουν τις εξειδικευμένες λειτουργίες τους σε άλλες ομάδες. Οι συγκεκριμένες διεργασίες ήταν τα πρώτα παραδείγματα αμοιβαίας διασφάλισης στη Φύση και οι αρχές που εφαρμόστηκαν σε αυτές τις αποικίες κυττάρων δισεκατομμύρια χρόνια πριν εξακολουθούν να εφαρμόζονται σήμερα σε κάθε ζωντανό οργανισμό.

Περίπου τέσσερα δισεκατομμύρια έτη αργότερα , το ανθρώπινο είδος εμφανίστηκε στη γη. Οι άνθρωποι, σε αντίθεση με την υπόλοιπη Φύση, αισθάνονται ότι είναι ξεχωριστοί, ξέχωροι από τα άλλα είδη της Φύσης. Αισθανόμαστε ανώτεροι και όχι ένα κομμάτι ενός ενιαίου συστήματος αλλά υπεράνω αυτού. Το ίχνος που η ανθρωπότητα έχει εισάγει στο σύστημα της φύσης, είναι η αίσθηση του αυτοδικαιώματος. Όλα τα άλλα ζώα, φυτά και ορυκτά ακολουθούν τα καθήκοντά τους όπως η Φύση τους υπαγορεύει μέσω των ενστίκτων και συμπεριφορές αφομίωσης. Εμείς, από την άλλη, έχουμε την ελευθερία της επιλογής να δουλέψουμε για τα δικά μας ενδιαφέροντα ή για τα ενδιαφέροντα άλλων στην κοινωνία μας.

Αν δούμε την Φύση, διαλέγοντας την αμοιβαία διασφάλιση και προτιμήσουμε τα συμφέροντα της κοινωνίας από τα ατομικά μας, θα δούμε ότι στην πραγματικότητα είναι πιο ευεργετικά για το άτομο. Όπως εξηγήσαμε στην αναφορά μας για το σώμα στο προηγούμενο κεφάλαιο, κανένας οργανισμός δεν θα μπορούσε να υπάρξει εάν τα κύτταρά του λειτουργούσαν μόνο για τον εαυτό τους. Παρομοίως κανένα ον δεν θα υπήρχε αν έπρεπε όλοι να δουλεύουμε για τους εαυτούς μας. Φανταστείτε τα επτά δισεκατομμύρια ανθρώπους στη γη να καλλιεργούν τη γη μόνο για τους εαυτούς τους, να σκάβουν πηγάδια , να αντλούν νερό μόνο για τους εαυτούς τους και να κυνηγούν για τροφή και ένδυση μόνο για τους εαυτούς τους. Τι θα συνέβαινε στην κοινωνία μας; Και τι θα συνέβαινε σε *εμάς*;

Έτσι, είναι το ατομικό ενδιαφέρον που μας κάνει να δουλέψουμε μαζί. Όμως υπάρχει κάτι μέσα μας που μας ωθεί για να δουλέψουμε για τους εαυτούς μας που φαινομενικά παραβλέπει την πραγματική μας αλληλοεξάρτηση.

Επιστρέφοντας στο παράδειγμα του ανθρωπίνου σώματος, η βιολόγος εξέλιξης Elizabet Sahtouris εύγλωτα εξήγησε την έννοια της αλληλοεξάρτησης ανάμεσα στα εγωκεντρικά στοιχεία σε μια παρουσίαση που έδωσε σε ένα συνέδριο στο Τόκιο το Νοέμβριο του 2005: «Στο σώμα μας κάθε μόριο, κάθε κύτταρο, κάθε όργανο .... έχει το προσωπικόν του συμφέρον. Όταν το κάθε επίπεδο .... δείχνει το προσωπικόν του ενδιαφέρον, προωθεί διαπραγματεύσεις ανάμεσα στα επίπεδα. Αυτό είναι το μυστικό της Φύσης. Για κάθε στιγμή στο σώμα σου αυτές οι διαπραγματεύσεις οδηγούν το σύστημά σου στην αρμονία».

Αν θα μπορούσαμε να δούμε ότι η εξέλιξη συνεχίζεται σήμερα και ότι δεν σταμάτησε όταν εμφανίστηκε ο Homo sapiens, θα καταλαβαίναμε ότι η πορεία από το απλό στο πολύπλοκο, από το χώρισμα στην ενοσωμάτωση συνεχίζει να είναι η πορεία της Φύσης. Η μόνη διαφορά από το παρελθόν είναι ότι το ανθρώπινο είδος δεν εξαναγκάζεται να ενσωματωθεί αλλά πρέπει να διαλέξει την ενοποίηση από τον διαχωρισμό. Αν το κάνει, μια ζωή αρμονίας, ισορροπίας και ευμάριας θα επακολουθήσει.

Έπεται ότι η διαδικασία με την οποία ο κόσμος έχει γίνει ένα παγκόσμιο χωριό δεν είναι μοναδικό συμβάν αλλά μια φυσική προέκταση των περίπου 14 δισεκατομμυρίων ετών εξέλιξης από την Μεγάλη Έκρηξη. Η κρίση που αντιμετωπίζει η ανθρωπότητα σήμερα δεν είναι η κατάρρευση του πολιτισμού αλλά η ανάδυση ενός νέου σταδίου όπου και η ανθρωπότητα γίνεται μια μοναδική οντότητα, συνηδειτοποιημένη της αλληλοεξάρτησης της και που λειτουργεί αρμονικά με αυτήν. Όταν κατορθώσουμε να συνηδειτοποιήσουμε αυτό το στάδιο, θα είμαστε σαν ένας οργανισμός στον οποίο το κάθε όργανο θα δουλεύει προς όφελος του συνόλου ενώ ο υπόλοιπος οργανισμός θα παρέχει τις ανάγκες του κάθε οργάνου.

ΣΥΜΠΛΗΡΩΜΑΤΙΚΟΤΗΤΑ ΚΑΙ ΑΜΟΙΒΑΙΟΤΗΣ

«Η ένωση και συπληρωματικότητα αποτελούν την πραγματικότητα».[28]
Werner Heisenberg, φυσικός, διατύπωσε την Αρχή της Αβεβαιότητας

Μια βαθύτερη παρατήρηση στην Φύση αποκαλύπτει τον βαθύ δεσμό που την συντηρεί. Κάθε στοιχείο συμπληρώνει άλλα στοιχεία και τα εξυπηρετεί όπως αποδείχτηκε από την τροφική αλυσίδα: τα φυτά τρέφονται από τα ορυκτά, τα χορτοφάγα τρέφονται με φυτά και τα σαρκοφάγα τρέφονται με φυτοφάγα. Αυτή η αλυσίδα περιέχει μυριάδες υποαλυσίδες που μαζί σχηματίζουν ολόκληρη την τροφική αλυσίδα. Στην τροφική αλυσίδα κάθε στοιχείο επηρεάζει το κάθε άλλο στοιχείο και οποιαδήποτε αλλαγή σε ένα από αυτά θα επηρεάσει όλα τα υπόλοιπα στοιχεία στην αλυσίδα.

Μελετώντας τη Φύση αποκαλύπτεται ότι κάθε στοιχείο που εκτελεί την λειτουργία του, επιτρέπει στα οικοσυστήματα να διατηρήσουν την ισορροπία τους ανάμεσα σε διαφορετικά στοιχεία του συστήματος ήτοι να το κρατήσουν υγιές. Μια αποκαλυπτική αναφορά που δώθηκε στο Υπουργείο Παιδείας των Η.Π.Α. τον Οκτώβριο του 2003 από την Irene Sanders και την Judith McCabe, Δρ. Φιλ, καθαρά αποδεικνύει τι συμβαίνει όταν παραβιάζουμε την ισορροπία της Φύσης. «Το 1991 μια όρκα – η θανατηφόρος φάλαινα – έγινε ορατή όταν έτρωγε μια ενυδρίδα. Οι όρκες και οι ενυδρίδες συνήθως συμβιώνουν φιλήσυχα. Τότε τι συνέβη; Οι οικολόγοι βρήκαν ότι ο πληθυσμός της πέρκας και της ρέγγας ελαττώνονταν. Οι όρκες δεν τρώνε αυτά τα ψάρια, αλλά οι φώκιες και τα θαλάσσια λιοντάρια τα τρώνε. Και είναι οι φώκιες και τα θαλάσσια λιοντάρια που συνήθως τρώνε οι όρκες και των οποίων ο πληθυσμός επίσης είχε ελαττωθεί. Έστι στερημένες από τις φώκιες και τα θαλάσσια λιοντάρια, οι όρκες άρχισαν να τρέφονται με τις χαριτωμένες ενυδρίδες για το γεύμα τους.

«Έτσι οι ενυδρίδες έχουν εξαφανιστεί διότι τα ψάρια, που έτσι και αλλιώς δεν έτρωγαν, έχουν εξαφανιστεί. Έτσι το κακό συνεχίζεται. Οι ενυδρίδες δεν υπάρχουν εκεί πια για να φάνε τους αχινούς των οποίων ο πληθυσμός έχει εκτιναχτεί. Όμως οι αχινοί ζουν από την τέφρα των φυκιών και έτσι εξαφανίζουν τα φύκια. Η θαλάσσια τέφρα είναι το σπίτι για τα ψάρια που ταΐζουν τους γλάρους και αετούς. Όπως και οι όρκες, οι γλάροι μπορούν να βρουν άλλη τροφή αλλά οι κηλιδωτοί αετοί δεν μπορούν και έχουν πρόβλημα.

«Όλα ξεκίνησαν με την μείωση της πέρκας και της ρέγγας. Γιατί; Λοιπόν, οι Ιάπωνες φαλαινοθήρες σκοτώνουν την ποικιλία των φαλαινών που τρώνε τους ίδιους μικροσκοπικούς οργανισμούς που τρέφουν τα πολλάχια(ένα είδος σαρκοφάγου ψαριού). Έχοντας περισσότερα ψάρια για τροφή τα πολλάχια πολλαπλασιάζονται. Με την σειρά τους τα πολλάχια επιτίθενται στις πέρκες και στις ρέγγες που ήταν τροφή για τις φώκιες και τα θαλάσσια λιοντάρια. Με την μείωση του πληθυσμού των θαλάσσιων λιονταριών και φωκιών οι όρκες στρέφονται υποχρεωτικά προς τις ενυδρίδες».

ΦΥΣΗ ΚΑΙ ΟΙΚΟΛΟΓΙΑ

Όπως έχουμε δει, η Φύση αποτελείται από αμοιβαίες συνδέσεις που δημιουργούν την ισορροπία, συμφωνία και αρμονία. Όμως οι άνθρωποι δεν λειτουργούν με αμοιβαίο τρόπο, ούτε μεταξύ τους ούτε και με την φύση. Έτσι, αφότου οι άνθρωποι είμαι κομμάτι της φύσης, η απουσία μιας συμφωνίας με αυτήν αλλά και μεταξύ τους ανισορροπεί όλο το σύστημα όπως ακριβώς αποδεικνύει το προηγούμενο παράδειγμα με τις όρκες. Ενώ όλη η Φύση ακολουθεί την αρχή της αμοιβαίας διασφάλισης – δώσε ότι μπορείς και λάβε ότι χρειάζεσαι – οι άνθρωποι λειτουργούν ακριβώς το αντίθετο – πάρε ότι μπορείς και δώσε αυτό που πρέπει. Εμείς οι άνθρωποι εκμεταλλευόμαστε ο ένας τον άλλον και όλοι μας ως ανθρωπότητα εκμεταλλευόμαστε την Φύση. Εμείς πράγματι έχουμε σχεδόν εξαντλήσει τον πλανήτη μας από τις πηγές του.

> «Τα οικολογικά μας ίχνη ήδη χρησιμοποιούν τις ανανεώσιμες πηγές του 1.4 του πλανήτη Γη και πιθανόν θα χρησιμοποιούμε τις πηγές δυο πλανητών σαν τη Γη μέχρι το 2050. Με άλλα λόγια, ζούμε χωρίς αντοχές εξαντλώντας τα φυσικά αποθέματα της Γης. Κανένας δεν γνωρίζει για πόσο καιρό ακόμα θα μπορούμε να συνεχίσουμε σε αυτό το μονοπάτι, παρόλο που έχουν κτυπήσει οι περιβαλλοντικοί συναγερμοί».[29]
> G. Tyler Miller, Scott Spoolman,
> Ζώντας στο περιβάλλον: Αρχές, Συνδέσεις και Λύσεις

Τα ανθρώπινα όντα έχουν γίνει σαν ένας καρκινοειδής όγκος στην Φύση. Η ανθρωπότητα ξεζουμίζει τα πάντα για τον εαυτό της χωρίς σεβασμό προς το περιβάλλον. Όμως όπως ο καρκίνος πεθαίνει παράλληλα με τον οργανισμό που σκοτώνει, έτσι ακριβώς θα γίνει με την ανθρωπότητα αν δεν μεταμορφώσει τον εαυτό της σε ένα υγιές όργανο στον οργανισμό της Φύσης.

Για να καταλάβουμε γιατί η ανθρωπότητα συμπεριφέρεται με αυτόν τον ανεύθυνο, ανήθικο τρόπο, χρειάζεται να κοιτάξουμε προσεκτικά την ανθρώπινη φύση. Ως βιολόγος η Σαχτούρης εξήγησε στο παραπάνω απόσπασμά της, «Κάθε μόριο, κάθε κύτταρο, κάθε όργανο ... έχει αυτοσυμφέρον». Όμως το αυτοσυμφέρον δεν σημαίνει ότι το ανθρώπινο είδος πρέπει να ξεχάσει το γεγονός ότι η διατήρηση της καλής κατάστασης του οργανισμού – που είναι η ανθρωπότητα – είναι και το δικό μας αυτοσυμφέρον.

Τι σκιάζει αυτό το γεγονός από εμάς είναι η αίσθησή μας του αυτοδικαιώματος, ή ναρκισσισμού.[30] Οι ψυχολόγοι Jean M. Twenge και Keith Cambell περιγράφουν την κοινωνία μας ως «αυξανόμενη ναρκισσιστική».[31] Στο διορατικό τους βιβλίο, *Η Επιδημία του Ναρκισσισμού: Ζώντας στην εποχή του Ναρκισσισμού*, οι Twenge και Campbell μιλούν για «την άκαμπτη αύξηση του ναρκισσισμού στην κουλτούρα μας», και τα προβλήματα που προκαλεί. «Οι Ηνωμένες Πολιτείες της Αμερικής υποφέρουν πρόσφατα από μια ναρκισσιστική επιδημία. .... τα ίχνη της ναρκισσιστικής προσωπικότητας αυξήθηκαν τόσο γρήγορα όσο και αυτά της παχυσαρκίας», εξηγούν. «Ακόμα χειρότερο», συνεχίζουν, «η άνοδος του ναρκισσισμού επιταχύνεται με αποτελέσματα που αυξάνονται γρηγορότερα την δεκαετία του 2000 από ότι τις προηγούμενες. Μέχρι το 2006, ο ένας από τους 4 φοιτητές κολλεγίου συμφώνησε με την πλειοψηφία των ερωτημάτων σε μια βασική καταμέτρηση σχετικά με τα ναρκισσιστικά ίχνη. Σήμερα, όπως το τοποθετεί η τραγουδίστρια Little Jackie, πολλοί άνθρωποι αισθάνονται ότι «Ναι, κύριε, ολόκληρος ο κόσμος πρέπει να περιστρέφεται γύρω από μένα».[32]

Στο λεξικό Webster, ο ναρκισσισμός ορίζεται ως «εγωισμός», και αυτό, για να είμαστε ευθείς, σημαίνει ότι έχουμε γίνει αβάστακτα εγωιστές.

Ο υπερβάλλων εγωισμός μας μας έχει οδηγήσει στο να αναπτύξουμε μια κουλτούρα υπερκαταναλωτική, η οποία ως συνέπεια έχει μια επιθετική παραγωγή, μάρκετινγκ, και κατανάλωση αγαθών και υπηρεσιών όχι επειδή πραγματικά βελτιώνει τις ζωές μας αλλά επειδή μπορούμε να τα επιδείξουμε. Αγοράζουμε επειδή οι άλλοι αγοράζουν, διότι δεν θέλουμε να μείνουμε πίσω.

Ο καταναλωτισμός έχει προκαλέσει την κάθε βιομηχανία να επιταχύνει την παραγωγή της με αποτέλεσμα την αναπαραγωγή περιττώνπραγμάτων σε επικίνδυνα γρήγορο ρυθμό.Όλα αυτά μολύνουν τώρα τον πλανήτη και τον εξαντλούν από τις πηγές του μόνο και μόνο για την εξυπηρέτηση της ασταμάτητης καταδίωξης του πλούτου και της κοινωνικής θέσης. Όμως υπάρχουν όρια σε όλα και εμείς έχουμε σχεδόν φτάσει στο τέλος του σχοινιού.

Ακολουθώντας την αναφορά Διεθνούς Εταιρίας Ενέργειας (ΙΕΑ), Το Μέλλον της Διεθνούς Ενέργειας 2011, ο Fatih Birol, επικεφαλής οικονομολόγος της εταιρίας είπε στην Fiona Harvey της Guardian, «Η πόρτα κλείνει. Είμαι πολύ στεναχωρημένος – αν δεν αλλάξουμε κατεύθυνση τώρα στο πως χρησιμοποιούμε την ενέργεια θα καταλήξουμε πέρα από αυτό που οι επιστήμονες αποκαλούν το ελάχιστο (για ασφάλεια). Η πόρτα θα κλειστεί για πάντα».[33]

Παρομοίως, μια σύνοψη από το Πανεπιστήμιο του Γέιλ αναφέρει, «μία προσχέδια αναφορά από το Ενδοκυβερνητικό κέντρο ελέγχου για τις κλιματικές αλλαγές (IPCC) λέει ότι υπάρχει πιθανότητα 2 στις 3 ότι η κλιματική αλλαγή προκαλούμενη από τους ανθρώπους ήδη μας οδηγεί σε μια αύξηση ακραίων καιρικών φαινόμενων. Η προσχέδια περίληψη ... ανέφερε ότι ο αυξανόμενος κακός καιρός .... θα μας οδηγήσει σε αυξανόμενο αριθμό χαμένων ζωών και υλικών ζημιών και θα παραδώσει κάποια μέρη «ως οριακά μέρη για να ζήσουμε». Η αναφορά λέει ότι οι επιστήμονες είναι «ουσιαστικά σίγουροι» ότι η συνεχιζόμενη υπερθέρμανση δεν θα προκαλέσει μόνο την αύξηση των κυμάτων καύσωνα και ξηρασίας σε κάποιες περιοχές αλλά επίσης θα ενεργοποιήσει έντονες βροχοπτώσεις που θα έχουν ως αποτέλεσμα τις υπερβολικές πλημμύρες».[34]

Η έλλειψη φροντίδας για το περιβάλλον από την ανθρωπότητα είναι ήδη καταστροφική για τις πιο ζωτικές ανάγκες μας – τις πηγές τροφής και νερού. Σύμφωνα με την οργάνωση Παγκόσμιας Προστασίας της άγριας φύσης (WWF), «η υπεραλιεία ... εξολοθρεύει τους πληθυσμούς των ψαριών. Πάνω από το 75% των περιοχών αλιείας έχουν ήδη εξαντλητικά χρησιμοποιηθεί ή έχουν υπεραλιευτεί».[35]

Ο Ian Sample της Guardian επίσης γράφει, «Περίπου το 40% της παγκόσμιας αγροτικής γης έχει σοβαρά υποβιβαστεί. Η εκτίμηση του οικοσυστήματος των Ηνωμένων Εθνών κατέταξε την υποβάθμιση του εδάφους ανάμεσα στις μεγαλύτερες παγκόσμιες προκλήσεις, αποκαλώντας την ριψοκίνδυνη για την αποσταθεροποίηση κοινωνιών, επικίνδυνη για την διασφάλιση της τροφής και υπαίτια για την αύξηση της φτώχιας».[36]

Όμως τα στοιχεία για το νερό – το πιο σημαντικό συστατικό για όλη την ζωή – κρούουν τον κώδωνα του κινδύνου. Μια επίσημη έκδοση του Ταμείου των Ηνωμένων Εθνών για τα παιδιά (UNICEF) με λεπτομέρεια δείχνει τη ζημιά και τον κίνδυνο της πόσης ανασφαλούς νερού: «Σχεδόν το πενήντα τις εκατό του αναπτυσσόμενου πληθυσμού στον κόσμο – 2,5 δισεκατομύρια άνθρωποι – έχουν έλλειψη υγιεινών εγκαταστάσεων, και πάνω από 884 εκατομύρια άνθρωποι ακόμα χρησιμοποιούν ανασφαλείς πηγές. Η ανεπαρκής πρόσβαση σε ασφαλές νερό και υπηρεσίες υγιεινής, παρέα με φτωχές πρακτικές υγιεινής, σκοτώνει και αρρωσταίνει χιλιάδες παιδιά κάθε μέρα, και οδηγεί στην φτώχια και με μειωμένες ευκαιρίες για χιλιάδες περισσότερα. Η φτωχή υγιεινή, το νερό και η προσωπική υγιεινή έχουν αρκετούς άλλους σοβαρούς αντίκτυπους. Στα παιδιά – και συγκεκριμένα κορίτσια – δεν τους δίνεται το δικαίωμα στην παιδεία διότι τα σχολεία τους έχουν έλλειψη επαρκών υγιεινών εγκαταστάσεων. Οι γυναίκες υποχρεούται να ξοδεύουν το μεγαλύτερο μέρος της ημέρας για να μεταφέρουν νερό. Οι φτωχοί αγρότες και εργάτες είναι λιγότερο παραγωγικοί λόγω ασθενιών, τα συστήματα υγείας είναι ανύπαρκτα και οι εθνικές οικονομίες υποφέρουν. Χωρίς WASH (νερό, υγιεινή και προσωπική υγιεινή), μια βιώσιμη ανάπτυξη είναι απίθανη».[37]

«Επειδή η καταστροφή των φυσικών πηγών της οικονομίας και η αναστάτωση του συστήματος του κλίματος οδηγούν τον κόσμο στο χείλος, αυτά είναι τα χαρακτηριστικά που πρέπει να αντιστραφούν. Για να επιτευχθεί αυτό απαιτούνται επιπλέον δραστικά μέτρα, μια γρήγορη αλλαγή από την γνώριμη μέχρι τώρα οδό».

«Καθώς η γη και το νερό γίνονται σπάνια, καθώς η θερμοκρασία της γης αυξάνεται, και καθώς η διασφάλιση τροφής καταρρέει, μια επικίνδυνη τροφική γεοπολιτική αναδύεται».[38]

Lester R Brown, περιβαλλοντικός αναλυτής, ιδρυτής και πρόεδρος του Ινστιτούτου Πολιτικής για τη Γη, και συγγραφέας του *Ο Κόσμος στο χείλος: Πως να προληφθεί η περιβαλλοντική και Οικονομική Κατάρρευση*

Την 6 Μαίου του 2011, ο Matthew Lee του Τύπου Associated, ανέφερε, «Η Υπουργός Εσωτερικών των Ηνωμένων Πολιτειών, Χίλαρυ Ρόντχαμ Κλίντον, προειδοποίησε ότι η παγκόσμια έλλειψη τροφής και οι ακράτητες τιμές απειλούν επεκταμένη αστάθεια και συνιστά μια άμεση δράση για να προληφθεί μια επανάλειψη της κρίσης του 2007 και 2008 που είχε ως αποτέλεσμα τις εξεγέρσεις σε αρκετές χώρες στον αναπτυσσόμενο κόσμο. Τα Ηνωμένα Έθνη εκτιμούν ότι 44 εκατομύρια άνθρωποι έχουν σπρωχτεί προς την φτώχια από τον περασμένο Ιούνιο λόγω της αύξησης στα τρόφιμα το οποίο θα μπορούσε να οδηγήσει σε δραματικές ελλείψεις και αστάθεια. Η Κλίντον είπε ότι ο κόσμος δεν μπορεί να υποχωρεί στο να παρέχει έκτακτη βοήθεια για να διατηρήσει το τσιρότο στις πληγές του».[39]

Απογοητευτικά, μια εβδομάδα αργότερα ήρθε η αποκαρδιωτική αναφορά ότι «Ο κόσμος σπαταλά το 30% της συνολικής τροφής». [40]Σύμφωνα με την αναφορά, «το 30% της συνολικής τροφής που παράγεται στον κόσμο κάθε χρόνο, σπαταλάται ή χάνεται. Αυτό είναι περίπου 1,3 δισεκατομύρια τόνοι σύμφωνα με μια νέα αναφορά από τον Οργανισμό τροφής και Αγροτικής ανάπτυξης. Αυτό είναι σαν το κάθε άτομο στην Κίνα, το πιο πολυπληθυσμικό κράτος στον Κόσμο με περισσότερους από 1.3 δισεκατομύρια ανθρώπους, να είχε έναν τόνο μάζα από τροφή και μπορούσαν να το ρίξουν έτσι απλά στον σκουπιδοτενεκέ. ..... Αναλύοντας αυτό τον μεγάλο αριθμό, βρίσκουμε ότι οι άνθρωποι με το περισσότερο χρήμα είναι αυτοί που σπαταλούν περισσότερο. ... Και αυτοί οι αριθμοί έρχονται καθώς εμείς αναφέρουμε τις ανερχόμενες τιμές στα τρόφιμα σε όλον τον κόσμο την περασμένη εβδομάδα». «Αυτό που χρειάζεται είναι μια κύρια αλλαγή στον τρόπο σκέψης μας», τελείωσε η δημοσιογράφος του CNN Ramy Inocencio.

Πράγματι, χρειαζόμαστε να αλλάξουμε την σκέψη μας και να υποστηρίξουμε την αμοιβαία διασφάλιση. Με μια τέτοια σκέψη, δεν θα πετάγεται η τροφή στα σκουπίδια όταν υπάρχουν άνθρωποι στον κόσμο που πάνε νηστικοί στο κρεββάτι τους. Σε μια κοινωνία με αμοιβαία διασφάλιση, αυτό θα ήταν ισοδύναμο με το να αφήσεις την δική σου οικογένεια να πεινάσει ενώ εσύ ο ίδιος καλοτρώς μέχρι να γίνεις παχύσαρκος.

Ο Micel Camdessus, πρώην Διευθυντής του Διεθνούς Νομισματικού Ταμείου(ΔΝΤ) για 13 χρόνια, εξηγεί την σύνδεση ανάμεσα στην κατάσταση στην οικονομία, την κατάσταση στο περιβάλλον, και την έλλειψη της αμοιβαίας διασφάλισης, την οποία βλέπει ως την κύρια αιτία και για τις δύο κρίσεις. «Αυτό που έχει γίνει είναι ένα είδος ηθικού, παγκόσμιου προβλήματος. Για πολλά χρόνια έχουμε επιτρέψει σε όλες τις προειδοποιήσεις ... προς τους ηθοποιούς της οικονομίας να μετριάσουν τις οικονομικές ορέξεις τους, να φροντίσουν την κοινότητα, να φροντίσουν τους γείτονες τους – όλες αυτές τις αρχές που έχουν ξεχαστεί. Εμείς πρέπει να επανεγκαθιδρύσουμε ένα είδος παγκόσμιου, ηθικού συστήματος, το οποίο απουσιάζει. ... Και οι δυο (οικονομική και περιβαλλοντική κρίση) έχουν την βάση τους στην υπερεκμετάλλευση των φυσικών πηγών ή των οικονομικών μηχανισμών. Όλο αυτό σημαίνει ότι όλοι μας πρέπει να ξανασκεφτούμε τα ίδια μας νοητικά μοντέλα. Πρέπει όλοι να συνηδειτοποιήσουμε ότι στα χρόνια που έρχονται θα έχουμε περισσότερες ευθύνες».[41]

Όμως, παρόλο των εμφανών ορίων στις φυσικές πηγές της Γης και των αυξανόμενων στοιχείων σχετικά με τις ζημιές που έχουμε προκαλέσει, συνεχίζουμε να «ξεζουμίσουμε» την Μητέρα Γη απερίσκεπτα, μολύνοντας τον αέρα, το νερό και το έδαφος, αφήνοντας έναν πλανήτη για τα παιδιά μας που δεν θα τους παρέχει ούτε φαγητό ούτε ενέργεια.

Όσο αφορά την συνεχιζόμενη εξάντληση αυτών των περιορισμένων πηγών ενέργειας, ο Steve Connor της Independent, πήρε συνέντευξη από τον Fatih Birol επικεφαλή οικονομολόγου του IEA. Σύμφωνα με τον Κόνορ, «Ο Διδάκτωρ Μπιρόλ, είπε ότι ο κόσμος και αρκετές κυβερνήσεις ξέχασαν το γεγονός ότι το πετρέλαιο από το οποίο εξαρτάται ο νεότερος πολιτισμός μειώνεται με γρηγορότερους ρυθμούς από αυτό που έχει προβλεπτεί και ότι η παγκόσμια παραγωγή είναι πολύ πιθανό να φτάσει στα ύψη σε περίπου 10 έτη – τουλάχιστον μια δεκαετία νωρίτερα από ότι είχαν εκτιμήσει οι περισσότερες κυβερνήσεις».[42]

ΑΠΟΚΑΘΙΣΤΩΝΤΑΣ ΤΗΝ ΙΣΟΡΡΟΠΙΑ

«Μέχρι τώρα, ο άνθρωπος ήταν εναντίον της Φύσης. Από εδώ και πέρα θα είναι εναντίον της ίδιας του της φύσης».[43]

Dennis Gabor, εφευρέτης της Ολογραφίας,
Βραβείο Νόμπελ στη Φυσική το 1971

Η ισορροπία είναι το όνομα του παιχνιδιού στην Φύση. Είναι η κατάσταση στην οποία η Φύση επιδιώκει να προσελκύσει όλα τα στοιχεία της. Ο μόνος λόγος γιατί η κάθε ουσία ή αντικείμενο κινείται ή αλλάζει είναι η «επιδίωξη» για να αποκαταστήσει την ισορροπία. Αυτή η επιδίωξη δημιουργεί τέτοια φαινόμενα όπως τον αέρα, την εξάπλωση της ζέστης σε ψυχρότερες περιοχές, την ροή του νερού σε χαμηλότερα ύψη, και πολλά άλλα φαινόμενα. Στους ζωντανούς οργανισμούς, μια κατάσταση ισορροπίας ονομάζεται «ομοιόστασις» (από τα Ελληνικά, όμοιος, «ίδιος» και στάσις «στέκομαι ακίνητος»). Το λεξικό Webster's ορίζει την ομοιόσταση ως «μια σταθερή κατάσταση ισορρόπησης ή μια τάση προς μια τέτοια κατάσταση μεταξύ διαφορετικών αλλά αλληλοεξαρτούμενων στοιχείων ή ομάδων στοιχείων ενός οργανισμού, πληθυσμού ή ομάδας».

Εμείς, ως διαφορετικά αλλά αλληλοεξαρτώμενα μέρη της Φύσης, είμαστε εξαρτώμενοι από το νόμο της ισορροπίας, ή την «ομοιόσταση» στα σώματά μας όπως και σε όλο τον πληθυσμό της γης, όπως ορίζεται στο λεξικό Webster's. Αυτό σημαίνει ότι η ανθρωπότητα δεν είναι μια ξεχωριστή οντότητα αλλά ένα ενσωματωμένο κομμάτι της Φύσης. Για αυτό το λόγο, τα σώματά μας και οι κοινωνίες μας εξαρτώνται άμεσα από όλους τους νόμους της φύσης.

Στο ανθρώπινο επίπεδο, «το να είμαστε στην κατάσταση της ομοιόστασης» σημαίνει να εξαπλώσουμε την επίγνωση από τον εγωκεντρισμό στον κοινωνικοκεντρισμό, ακόμα και στον παγκοσμιοκεντρισμό. Είναι απαραίτητο να αυξήσουμε την φροντίδα μας για τους άλλους και για το περιβάλλον μας και όλων αυτών που είναι μέρη του συστήματος που μας περιέχει. Τα παραδείγματα που παρουσιάστηκαν ανωτέρω δείχνουν κάποιες από τις συνέπειες που μπορεί να υποφέρουμε αν επιλέξουμε να παραμείνουμε αδιάφοροι προς την αλληλοεξάρτησή μας του καθενός προς τον άλλο και με την Φύση.

ΤΟ ΔΥΣΚΟΛΟ ΕΡΓΟ

> «Προκαλούμαστε να υψωθούμε πάνω από τα στενά όρια των ατομικών μας σκέψεων σε μια ευρύτερη θεώρηση για όλη την ανθρωπότητα. Ο νέος κόσμος είναι ένας κόσμος γεωγραφικής ενοποίησης. Αυτό σημαίνει ότι κανένα άτομο ή έθνος δεν μπορεί να ζήσει από μόνο του. Πρέπει όλοι να μάθουμε να ζούμε μαζί, ή θα αναγκαστούμε να πεθάνουμε μαζί».[44]
> Martin Luther King, Jr.

Τώρα που ο ανθρώπινος εγωισμός απειλεί την ύπαρξή μας είμαστε αντιμέτωποι με δυο επιλογές. Μπορούμε να εφησυχαστούμε, να αφήσουμε την Φύση να πάρει την πορεία της, και να περιμένουμε τα προβλήματα να κτυπήσουν την πόρτα μας πριν εμείς σκεφτούμε πως θα τα αντιμετωπίσουμε. Ή μπορούμε να δράσουμε και να αποδεχτούμε την ευθύνη για το μέλλον μας. Σήμερα η ανθρώπινη φυλή μπορεί ακόμα να προχωρήσει προς την ισορροπία και αρμονία με την Φύση, και προς μια βιώσιμη ευημερία. Το μόνο που χρειάζεται να κάνουμε είναι να εφαρμόσουμε την προσέγγιση της αμοιβαίας διασφάλισης, με άλλα λόγια να συγχρονιστούμε με την Φύση. Έτσι η κοινωνία που θα κτίσουμε θα είναι βιώσιμη, ευήμερη, ασφαλής και ειρηνική-αφού δύσκολα μπορεί να υπάρξει πόλεμος ανάμεσα σε αυτούς που διασφαλίζουν ο ένας την ευημερία του άλλου.

Στο επόμενο κεφάλαιο θα συζητηθούν τα πρακτικά βήματα που μπορούμε να πάρουμε για να φτιάξουμε έναν τέτοιο πολιτισμό.

Ο ΠΡΑΚΤΙΚΟΣ ΤΡΟΠΟΣ

«Το μεγάλο έργο του εικοστού πρώτου αιώνα – να κατανοήσουμε πως όλη η ανθρωπότητα γίνεται πιο σημαντική από το σύνολο των μερών της – είναι μόνο η αρχή. Σαν ένα παιδί που ξυπνά, ο ανθρώπινος υπεροργανισμός γίνεται ευσυνείδητος, και αυτό σίγουρα θα μας βοηθήσει να πετύχουμε τους στόχους μας».[45]
N. Christakis & Fowler, *Συνδεδεμένα: Η Εκπληκτική Δύναμη των Κανονικών μας Δικτύων*

Στα προηγούμενα κεφάλαια περιγράψαμε τις συνδέσεις που συνδέουν όλο τον κόσμο σε ένα μοναδικό δίκτυο. Καταλάβαμε ότι αυτό το δίκτυο είναι μια φυσική δημιουργία της εξέλιξης το οποίο κινείται από το απλό στο πολύπλοκο και από τον διαχωρισμό στην ενοποίηση. Αυτή η διασύνδεση επίσης ορίζει ότι η αμοιβαία διασφάλιση είναι η συνταγή με την οποία όλη η ζωή διατηρείται, και αν η ανθρωπότητα εύχεται να διατηρηθεί χρειάζεται να εφαρμόσουμε αυτήν την συνταγή στους εαυτούς μας.

Το μόνο θέμα που απομένει είναι το πως μπορούμε να το κάνουμε αυτό. Πράγματι, πως ένα άτομο,η μία κοινωνία αλλάζει από την σκέψη του να φροντίζει τον εαυτόν του στο να φροντίζει για όλους; Να το θέσουμε διαφορετικά, «Πως γυρίζουμε από το «Εμένα» στο «Εμείς»; Επιπλέον, αυτή η μεταμόρφωση δεν πρέπει να είναι τυχαία αλλά να γίνει μια εσαεί αλλαγή από την εγωκεντρική τάση όπως οι Twenge και Campbell περιέγραψαν στο ανωτέρω απόσπασμα, *Η Ναρκισσιστική Επιδημία*.

Ο τρόπος που μπορούμε να το καταφέρουμε αυτό είναι αλλάζοντας τις κοινωνικές μας αξίες. Αν δούμε βαθύτερα τις αιτίες για την συμπεριφορά μας, θα ανακαλύψουμε ότι αρκετά συχνά λειτουργούμε με τέτοιους τρόπους έτσι ώστε να αποκτήσουμε κοινωνική αποδοχή από αυτούς που βρίσκονται γύρω μας. Έχοντας την εκτίμηση από όλους στο κοινωνικό μας περιβάλλον μας δίνει την εμπιστοσύνη, ενώ η έλλειψη μας πονάει, κάνοντας μας ανασφαλείς και μας ντροπιάζει για αυτό που είμαστε. Για αυτό το λόγο συνηδειτά ή όχι τείνουμε να συμβιβαστούμε με τους κώδικες συμπεριφοράς και αξιών της κοινωνίας.

Η Μαρία Κονίκοβα, η εύγλωτος συγγραφέας και ψυχολόγος, έγραψε σχετικά με την ανάγκη μας να συμβιβαζώμαστε με τους κωδικούς της κοινωνίας στο blog της στο περιοδικό Scientific American: «Τείνουμε στο να συμπεριφερόμαστε αρκετά διαφορετικά όταν περιμένουμε να μας παρατηρήσουν από το όταν δεν μας παρατηρούν και ανταποκρινώμαστε στο έπακρο στα επικρατούμενα κοινωνικά ήθη και έθιμα. .... Όταν αποφασίσουμε να κάνουμε κάτι, χρειάζεται να μας νοιάζει αν κάποιος μας βλέπει ή όχι; Ενώ θεωρητικά είναι εύκολο να αμφισβητήσουμε γιατί δεν πρέπει, το ότι οι ίδιοι κανόνες συμπεριφοράς ισχύουν έτσι και αλλιώς, στην πράξη, συνήθως συμβαίνει. Αυτό ισχύει για μικροσυμπεριφορές (Θα έπιανες την μύτη σου δημοσίως; Και τι γίνεται αν είσαι αρκετά σίγουρος ότι κανένας δεν σε παρακολουθεί;) όπως και σε πιο σημαντικές (Θα πλήγωνες κάποιον, σωματικά ή διαφορετικά όταν οι άλλοι σε παρατηρούν ; Και αν είσαι αρκετά σίγουρος ότι η κακή πράξη σου δεν θα πάει παραπέρα από τους δυο σας;).[46]

Για αυτό, αμέσως μόλις αλλάξουμε τις κοινωνικές μας αξίες έτσι ώστε η αμοιβαία διασφάλιση και η φροντίδα του ενός για τον άλλον να είναι στενότερες, θα αλλάξουμε παράλληλα και τις αξίες μας. Όταν η κοινωνία αξιολογεί τους ανθρώπους σύμφωνα με την προσφορά τους στην κοινωνία, οι άνθρωποι παρομοίως θα επιθυμούν να προσφέρουν στην κοινωνία, και η κοινωνία με την σειρά της θα τους εκτιμήσει.. Αν ο σεβασμός και οι κοινωνικές θέσεις οι οποίες αποδίδονται σήμερα για την αριστεία στην μηχανική της οικονομίας – των οποίων τις συνέπειες ακόμα αντιμετωπίζουμε – δίδονταν σε άτομα που θα βελτίωναν γενικά το ευ ζειν της κοινωνίας, είτε οικονομικά είτε σε άλλα είδη αξιών, τότε όλοι θα αρχίζαμε να συνεισφέρουμε στην κοινωνία με αυτόν τον δημιουργικό τρόπο.

ΑΛΛΑΖΟΝΤΑΣ ΤΟΝ ΔΗΜΟΣΙΟ ΔΙΑΛΟΓΟ

Ο αντίκτυπος της κοινής γνώμης έχει δυναμικά αποδειχθεί κατά την διάρκεια του 2011 μέσω της παγκόσμιας αστάθειας που πρώτα φάνηκε στον Αραβικό κόσμο και την Ευρώπη και μετά παγκοσμίως, πυροδοτήθηκε από τα κοινωνικά ΜΜΕ και έπειτα από τα επίσημα και παραδοσιακά ΜΜΕ. Αν δείτε την άποψη του 1% εναντίον του 99%, θα δείτε ότι δεν υπάρχει σχεδόν ουδεμία αναφορά πριν από το κίνημα Κατάλυψης της οδού Wall ξεκινήσει τις διαμαρτυρίες του στις 17 Σεπτεμβρίου του 2011.

Μια ακόμα αναγνώρηση της δύναμης του δημοσίου διαλόγου και της κοινής γνώμης για να βελτιώσει την κοινωνία ήρθε σε έγγραφη μορφή από τη World Bank με τίτλο, «Η Δύναμη του Δημοσίου Διαλόγου»: «Η ιδέα της ανοικτής ανάπτυξης (δίδοντας ίσες εμπορικές ευκαιρίες σε όλους) προϋποθέτει μια αυξανόμενη παροχή πληροφοριών προς τους πολίτες. .... Ο σκοπός όλων αυτών(ανοικτή ανάπτυξη) είναι να δημιουργηθεί μια στροφή στην δύναμη σχέσης από τα ιδρύματα και τις κυβερνήσεις, των οποίων η ευθύνη είναι να παρέχει υπηρεσίες και να βελτιώνει τη ζωή, προς τους ανθρώπους τους οποίους πρόκειται να ευεργετήσουν αυτές οι υπηρεσίες.Αυτή η δύναμη μπορεί αποτελεσματικά να ασκηθεί από μικρές ομάδες πολιτών που δουλεύουν μαζί για να ορίσουν και να αντιμετωπίσουν πολιτικούς ή παροχείς υπηρεσιών που αποτυγχάνουν να μεταφέρουν τις υπηρεσίες αυτές για τις οποίες υπάρχουν χρήματα. Επειδή η διαφθορά και το πολιτικό συμφέρον ή και αυτοσυμφέρον είναι βαθύτατα εδραιωμένα, μια ανοικτή ανάπτυξη είναι απίθανο να έχει τα επιθυμητά αποτελέσματα εκτός και αν διάφορες ομάδες είναι ικανές, συλλογικά και ειρηνικά, να έχουν δημόσια επιρροή».[47]

Η αποτελεσματικότητα της επιρροής από το περιβάλλον αποδείχτηκε επιστημονικά πριν από δεκαετίες. Το 1951, μια από τις πιο ξεχωριστές μελέτες στο θέμα διεξήχθει από τον ψυχολόγο Solomon Eliot Asch. Αυτή η μελέτη έγινε γνωστή ως το Πείραμα Συμβιβασμού του Asch. Χρησιμοποιώντας το πείραμα της επιλογής των γραμμών , ο Asch έβαλε έναν αφελή συμμετέχοντα σε ένα δωμάτιο με επτά προμιλημένα άτομα. Τα προμιλημένα άτομα είχαν συμφωνήσει από πριν ποιες θα ήταν οι απαντήσεις τους όταν θα παρουσιάζοταν στην γραμμή εργασιών. Ο πραγματικός συμμετέχων δεν το γνώριζε αυτό και αφέθηκε να πιστέψει ότι οι άλλοι επτά συμμετέχοντες ήταν επίσης πραγματικοί συμμετέχοντες.

Το κάθε άτομο στο δωμάτιο έπρεπε να αναφέρει δυνατά ποια γραμμή σύγκρισης (Α, Β ή Γ) ήταν η πιο πιθανή ως στόχος. Η απάντηση ήταν πάντα εμφανής. Ο πραγματικός συμμετέχων κάθησε στο τέλος της σειράς και έδωσε την απάντησή του τελευταίος.

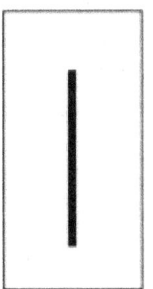 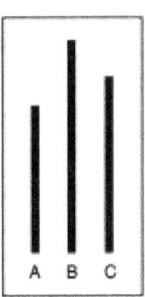

Υπήρχαν 18 δοκιμασίες συνολικά και οι ψεύτικοι συμμετέχοντες έδωσαν λανθασμένη απάντηση σε 12 δοκιμασίες.

Αποτελέσματα: Κατά μέσο όρο, περίπου το ένα τρίτο (32%) των συμμετεχόντων οι οποίοι τοποθετήθηκαν σε αυτήν την κατάσταση συμβιβάστηκαν με την καθαρά λανθάνουσα πλειοψηφία. Πάνω από τις 18 δοκιμασίες περίπου το 75% των συμμετεχόντων συμβιβάστηκαν τουλάχιστον μια φορά και το 25% των συμμετεχόντων δεν συμβιβάστηκαν καθόλου.

Συμπέρασμα: Γιατί οι συμμετέχοντες συμβιβάστηκαν τόσο εύκολα; Όταν τους πήραν συνέντευξη μετά το πείραμα, οι περισσότεροι είπαν ότι δεν πίστευαν τις συμβιβαστικές απαντήσεις τους, αλλά είχαν συμφωνήσει με την ομάδα υπό το φόβο της γελοιοποίησης ή της παραξενιάς. Μερικοί από αυτούς είπαν ότι πραγματικά πίστευαν ότι οι απαντήσεις της ομάδας ήταν σωστές.

Εμφανώς, οι άνθρωποι συμβιβάζονται για δυο βασικούς λόγους: διότι θέλουν να ταιριάξουν με την ομάδα (δεοντολογική επιρροή) και διότι πιστεύουν ότι η ομάδα είναι καλύτερα πληροφορημένη από ότι οι ίδιοι (πληροφοριακή επιρροή).[48]

Μια νέα μελέτη αποδεικνύει μάλλον την Οργουελική αίσθηση ότι η επιρροή στο κοινωνικό περιβάλλον κάποιου μπορεί να αλλάξει ακόμα και τις αναμνήσεις του. Μια μελέτη στο Ινστιτούτο Επιστημών Weizmann δοκίμασε μέχρι σε ποιο σημείο οι αναμνήσεις των ανθρώπων θα μπορούσαν να αλλάξουν μέσω της κοινωνικής χειραγώγησης. Η έκδοση από τον Ινστιτούτο Weizmann ανακοίνωσε, «Νέα έρευνα στο Ινστιτούτο Weizmann δείχνει ότι λίγο κοινωνική πίεση ίσως να είναι όλο αυτό που χρειάζεται». Το πείραμα έλαβε χώρα σε τέσσερα στάδια. Πρώτον, οι εθελοντές παρακολούθησαν μια ταινία. Τρεις μέρες αργότερα, έκαναν ένα τεστ μνήμης, απαντώντας ερωτήσεις σχετικά με την ταινία. Επίσης ρωτήθηκαν πόσο σίγουροι ήταν για τις απαντήσεις τους.

Αργότερα προσκαλέστηκαν να ξαναδώσουν το τεστ ενώ τους γινόταν μαγνητική τομογραφία η οποία αποκάλυπτε την εγκεφαλική τους δραστηριότητα. Αυτή την φορά στα θέματα επίσης δώθηκαν και οι υποτιθέμενες απαντήσεις των άλλων της επιβλέπουσας ομάδας τους. Μέσα σε αυτές τις απαντήσεις υπήρχαν λανθασμένες απαντήσεις για τις ερωτήσεις που οι εθελοντές πριν είχαν απαντήσει σωστά και με σιγουριά. Αφού είδαν αυτές τις «φυτευμένες» απαντήσεις, οι συμμετέχοντες συμβιβάστηκαν με την ομάδα δίνοντας λανθασμένες απαντήσεις περίπου κατά 70%.

Όμως απλώς συμβιβάζονταν στις κοινωνικές απαιτήσεις ή είχε αλλάξει η μνήμη τους για την ταινία; Για να το δουν αυτό οι ερευνητές προσκάλεσαν τους συμμετέχοντες να ξανακάνουν το τεστ μνήμης. Σε μερικές περιπτώσεις οι ανταποκρινόμενοι επανήλθαν πίσω στις αρχικές και σωστές, όμως, περίπου οι μισοί παρέμειναν λανθασμένοι υπονοώντας ότι οι συμμετέχοντες εξαρτώταν σε λανθασμένες μνήμες που τους είχαν εμφυτεύσει στην προηγούμενη συνεδρία.

Μια ανάλυση με τα δεδομένα της Μαγνητικής Τομογραφίας έδειξε διαφορές στην δραστηριότητα του εγκεφάλου μεταξύ της επίμονα λανθασμένης μνήμης και των προσωρινών λαθών κοινωνικού συμβιβασμού. Οι επιστήμονες νομίζουν ότι υπάρχει ένας κρίκος που συνδέει τα κοινωνικά και τα επεξεργαζόμενα μέρη της μνήμης του μυαλού: «Η σφραγίδα του ίσως να χρειάζεται... για να δίνει (μνήμες) έγκριση πριν ακόμα φορτωθούν στην τράπεζα μνήμης. Κατά συνέπεια η κοινωνική ενίσχυση θα μπορούσε να λειτουργήσει στα.... μυαλά μας για να αντικαταστήσει μια δυνατή μνήμη με μια λανθάνουσα».[49]

«Οι περισσότεροι άνθρωποι ούτε καν γνωρίζουν την ανάγκη τους για συμβιβασμό. Ζουν κάτω από την ψευδαίσθηση ότι ακολουθούν τις ιδέες τους και τις κλίσεις τους, ότι είναι ατομιστές, ότι έχουν φτάσει στις γνώμες τους ως αποτέλεσμα της δικής τους σκέψης – και ότι απλώς συμβαίνει ότι οι ιδέες τους είναι ίδιες με αυτής της πλειοψηφίας».[50]

Eric Fromm, *Η Τέχνη του να Αγαπάς*

Τώρα που έχουμε δει πως η κοινωνία επηρεάζει τις απόψεις των ανθρώπων, ας εξετάσουμε το θέμα από ένα πρακτικό και μορφωτικό πρίσμα. Ο αντίκτυπος των ΜΜΕ στις απόψεις μας, ακόμα και σωματικά στους εγκεφάλους μας, έχει τεκμηριωθεί και αναγνωριστεί περισσότερο από μια φορές. Οι επικεφαλίδες όπως «Βίαια βιντεοπαιχνίδια και Αλλαγές στον Εγκέφαλο»,[51] «Νορβηγός λιανέμπορος χρησιμοποιεί Βίαια Παιχνίδια για την Αφύπνιση της Επίθεσης», [52]και «Ομαδικός πυροβολισμός στην Γερμανία παρακινεί Λιανέμπορο να ελαττώσει τα Κατάλληλα παιχνίδια για μεγάλους»,[53] δείχνουν ότι οι άνθρωποι γνωρίζουν καλά τα βίαια και επιθετικά μέσα. Όμως, παρόλο που γνωρίζουν, τα μέσα όχι μόνο συνεχίζουν να δείχνουν αυτές τις προσβλητικές εικόνες αλλά αυξάνουν την συχνότητα και σαφήνεια τους.

Για να καταλάβουμε πόση βία αφομοιώνουν τα νεαρά μυαλά, σκεφτείτε αυτήν την πληροφορία από μια έκδοση του Συστήματος Υγείας του Πανεπιστημίου του Μίσιγκαν με τίτλο «Η τηλεόραση και τα Παιδιά»: «Ένα μέσο ηλικίας παιδί από την

Αμερική θα παρακολουθήσει 200000 βίαιες σκηνές και 16000 φόνους στην Τηλεόραση από την ηλικία των 18».[54] Αν αυτός ο αριθμός δεν κρούει τον κώδωνα του κινδύνου, σκεφτείτε ότι υπάρχουν 6570 μέρες στα 18 έτη, το οποίο σημαίνει ότι κατά μέσο όρο, μέχρι την ηλικία των 18 ένα παιδί θα έχει παρακολουθήσει κάτι παραπάνω από 30 πράξεις βίας στην τηλεόραση, 2.4 εκ των οποίων είναι φόνοι, *κάθε μέρα στην νεανική του ζωή.*

«Δεν είναι η ουδετερότητα αυτό το οποίο ζητούμε, αλλά η ενότητα, η ενότητα της αμοιβαίας διασφάλισης, της αμοιβαίας ευθύνης, ή αμοιβαιότητας.... Εδώ είναι που η δουλειά μας εστιάζεται στην εκπαίδευση ανάμεσα στους νέους μας, και ακόμα περισσότερο στους ενήλικες».[55]
Martin Buber, φιλόσοφος και εκπαιδευτής,
Ένα Έθνος και ένας Κόσμος: Δοκίμια στα πρόσφατα γεγονότα

Για να ολοκληρώσουμε, η τελευταία έρευνα αποδεικνύει ότι «το περιβάλλον μου σήμερα είμαι εγώ αύριο». Το περιβάλλον μας, μας δημιουργεί ως ανθρώπινα όντα, και επειδή είμαστε προϊόντα του περιβάλλοντος μας, κάθε αλλαγή που επιθυμούμε να υιοθετήσουμε στους εαυτούς μας πρέπει πρώτα να αφομοιωθεί από το περιβάλλον μας. Ως εκ τούτου, όταν κτίζουμε ένα περιβάλλον στο οποίο η αξία της αμοιβαίας διασφάλισης είναι εγκεκριμένη και θεωρείται αξιέπαινη, αυτή η αξία θα είναι αξιέπαινη και στα ίδια μας τα μάτια.

ΕΦΑΡΜΟΓΗ: ΔΙΑΔΙΚΤΥΟ ΚΑΙ ΕΝΔΟΠΡΟΣΩΠΙΚΗ ΕΠΙΚΟΙΝΩΝΙΑ

Η πιο γρήγορη και εμφανής λύση για να πετύχουμε την αλλαγή των αξιών μας είναι μέσω των στοιχείων κλειδιά που σχεδιάζουν το μοντέλο σκέψης μας – τα μέσα και το διαδίκτυο. Για να αλλάξουμε την τοποθέτηση του μυαλού μας χρειάζεται να αλλάξουμε τον διάλογο στα μέσα. Όπως δείξαμε παραπάνω, αν τα μέσα μας έλεγαν ότι το να δίνουμε, να μοιραζόμαστε και να συνεργαζόμαστε είναι καλά, και εμείς θα το πιστεύαμε και θα ακολουθούσαμε με ευχαρίστηση.

Όμως στην σημερινή πραγματικότητα, τα εγώ μας είναι ανηψωμένα, η αυτοπροβολή επιβραβεύεται και άνθρωποι που μεταχειρίζονται άλλους τους αποδίδεται το θετικό παρατσούκλι «Προχώρα-πιάστον». Δύσκολα προκαλεί έκπληξη ότι εκείνοι που δεν είναι εγωιστές και κακοί στο σχολείο τείνουν να αποκαλούνται «σπασίκλες» και «αδύναμοι». Δεν προκαλεί επίσης έκπληξη ότι με μια τέτοια διείσδυση κοινωνικών αρνητικών μηνυμάτων, οι αστυνομικοί θα πρέπει να τοποθετούνται σε κάθε δημοτικό σχολείο στο Τέξας, για παράδειγμα, όχι για να κρατήσουν τους επικίνδυνους ενήλικες μακριά, αλλά να κρατήσουν τα επικίνδυνα *παιδιά* μακριά, ακόμα και να συλλάβουν κάποια στην ηλικία των 6 ετών! Και όχι ένα ή δυο αλλά είναι 300000 παιδιά μόνο το 2010, και μόνο σε μια πολιτεία.[56]

Η ψυχαγωγική τηλεόραση δεν πρέπει να προωθεί εκπομπές βίας και ενθάρρυνσης της αυτοπροβολής. Είναι αρκετά πιθανό να παράγει ψυχαγωγικά, υψηλής ποιότητας τηλεοπτικά προγράμματα που περιέχουν θετικά κοινωνικά μηνύματα. Η ερευνητική δημοσιογραφία μπορεί να εκθέσει όχι μόνο την διαφθορά αλλά να δείξει επίσης πως όλοι εξαρτώμαστε ο ένας από τον άλλον και πως μαζί μπορούμε να πετύχουμε. Τα μέσα μπορούν να εισάγουν κοινότητες και πρωτοβουλίες όπου τέτοιες ιδέες εφαρμόζονται, όπως η πόλη της Μαριναλέντα στην Ισπανία, όπως παρουσιάστηκε στην εμπνέουσα ιστορία των New York Times, «Μια Δουλειά και όχι Δόση δανείου για Όλους σε μια Ισπανική Πόλη».[57]

Τα μέσα ενημέρωσης μπορούν έπειτα να μιλήσουν μέχρι πιο σημείο είναι επιτυχείς τέτοιες προσπάθειες, μέχρι πιο σημείο και πως βελτιώνουν τις ζωές μας, όπως και πόσο εφαρμόσημες είναι τέτοιες πρωτοβουλίες σε διαφορετικά μέρη του κόσμου.

Το σημαντικό εδώ είναι ότι ο δημόσιος διάλογος χρειάζεται να αλλάξει και όταν γίνει αυτό, οι άνθρωποι θα αλλάξουν τις απόψεις τους και τα μέσα θα αλλάξουν το περιεχόμενό τους για να συμβαδίζουν με τον δημόσιο διάλογο. Όμως η αλλαγή πρέπει να αρχίσει με μία ευσυνείδητη προσπάθεια καθώς αυτό που χαρακτηρίζει τελευταία τα μέσα είναι η αντικοινωνικότητα και όχι η κοινωνικότητα.

Επίσης, σήμερα μια κοινωνική αλλαγή δεν χρειάζεται να ξεκινήσει από την κορυφή, σε περίοδο αιχμής, σε υψηλού προφίλ τηλεοπτική εκπομπή και στα πιο δημοφιλή κανάλια. Μπορεί να είναι ένα επιτυχές κίνημα με λίγους ενθουσιώδεις ανθρώπους που ενώνονται για να σχηματίσουν ένα κοινωνικό κίνημα το οποίο θα προωθηθεί μέσω διαδικτύου. Έτσι ακριβώς ξεκίνησε το κίνημα OWS.

Τα κοινωνινά μέσα επικοινωνίας όπως το Facebook και You Tube επιτρέπουν στον καθένα με ολίγη παρότρυνση και ευφυΐα να προωθήσουν οποιαδήποτε ιδέα επιθυμούν – καλή ή κακή – και να δημιουργήσουν αρκετό θόρυβο γύρω τους για να μαζέψουν ένα ικανοποιητικό αριθμό ανθρώπων με θετικές κοινωνικές ιδέες. Όπως θα δούμε παρακάτω, χρειάζεται μια μικρή, αποφασισμένη μειονότητα για να κάνουμε μια γρήγορη, μεγάλη και αποφασιστική αλλαγή.

Μαζί με τα διάφορα κοινωνικά μέσα επικοινωνίας, υπάρχει και η καλοπροέραιτη παλαιά από-στόμα-σε-στόμα κυκλοφορία. Οι ιδέες διασπείρονται καλύτερα απλώς μιλώντας για αυτές – στο σπίτι, στην εργασία, με τους φίλους, στις διαδικτυακές συζητήσεις και μέσω κοινωνικών διαδικτύων. Απλώς λέγοντας στους ανθρώπους τι πιστεύεις είναι σωστό θα τους βάλεις να σκεφτούν.

«Επιτυχές χωρίς αμφιβολία είναι το να βγεις με ένα προϊόν τόσο ενδιαφέρον που οι άνθρωποι δεν κάνουν τίποτα άλλο αλλά να μιλούν για αυτό. Τίποτα δεν είναι καλύτερο από τους πελάτες που αναλαμβάνουν οι ίδιοι να στηρίξουν μια επιχείρηση που απλώς αγαπούν», γράφει ο βοηθός μάρκετινγκ, Andy Sernovitz, στο βιβλίο του, *Word of Mouth Marketing: Πως οι έξυπνες εταιρίες κάνουν τους ανθρώπους να μιλούν, Ανανεωμένη έκδοση*.[58]

Υπάρχει ακόμα μια περισσότερο λανθάνουσα πλευρά στην διάδοση των ιδεών. Μπορεί να διαδοθούν μακριά και ευραίως από ανθρώπους που απλώς σκέπτονται ή θέλουν συγκεκριμένα πράγματα. Την 10η Σεπτεμβρίου του 2009 οι *New York Times* έκδοσαν μια ιστορία με τον τίτλο, «Σε κάνουν οι φίλοι σου παχύ;» του Clive Thompson.[59] Σε αυτήν την ιστορία ο Τόμσον περιγράφει ένα εκπληκτικό πείραμα που έγινε στο Framingham της Μασαχουσέτης. Στο πείραμα, οι λεπτομέρειες 15000 ανθρώπων τεκμηριώθηκαν και εγγράφησαν περιοδικά πάνω από πενήντα έτη. Οι αναλύσεις των δεδομένων των καθηγητών Nicholas Christakis και James Fowler αποκάλυψε απίστευτα ευρήματα στο πως επηρεάζουμε ο ένας τον άλλο σε όλα τα επίπεδα – φυσικό, συναισθηματικό και πνευματικό – και πως οι ιδέες μπορεί να είναι κολλητικές όπως και οι ιοί.

Στο πετυχημένο βιβλίο τους, *Συνδεδεμένοι: Η εκπληκτική δύναμη των Κοινωνικών μας Δικτύων και Πως Διαμορφώνουν τις Ζωές μας – Πως οι Φίλοι των Φίλων των Φίλων Επηρεάζουν Ότι Αισθάνεσαι, Σκέφτεσαι, και Κάνεις*, οι Christakis και Fowler έδειξαν ότι υπήρχε ένα δίκτυο ενδοσχέσεων ανάμεσα από περισσότερα από 5000 άτομα των συμμετεχόντων. Οι Christakis και Fowler ανακάλυψαν ότι στο δίκτυο οι άνθρωποι επηρέαζαν ο ένας τον άλλον όχι μόνο σε κοινωνικά θέματα αλλά και σε θέματα που έχουν σχέση με την σωματική τους κατάσταση.

«Αναλύοντας τα δεδομένα του Framingham», ο Thompson έγραψε, «Οι Christakis και Fowler λένε ότι έχουν για πρώτη φορά μια σταθερή βάση για μια δυναμική θεωρία στην επιδημιολογία: ότι οι καλές συμπεριφορές – όπως να σταματάς το κάπνισμα, ή το να μένεις λεπτός ή να είσαι ευτυχισμένος – περνούν από φίλο σε φίλο σχεδόν σαν να ήταν κολλητικοί ιοί. Οι συμμετέχοντες του Framingham, τα προτεινόμενα δεδομένα, επηρέαζαν την υγεία ο ένας του άλλου απλώς με την κοινωνικοποίηση. Και το ίδιο ήταν αληθές για τις κακές συμπεριφορές. – Ομάδες φίλων φάνηκαν στο να «μεταδίδουν» η μία την άλλη σχετικά με την παχυσαρκία, δυστυχία και το κάπνισμα. Το να παραμείνεις υγιής φαίνεται δεν είναι ζήτημα μόνο των γονιδίων σου και της διατροφής. Η καλή υγεία είναι επίσης προϊόν, εν μέρη, της ξεκάθαρης προσέγγισης μας σε άλλους υγιείς ανθρώπους».[60]

Ακόμα πιο εντυπωσιακή ήταν η ανακάλυψη των επιστημόνων ότι αυτές οι μεταδόσεις θα μπορούσαν να «εκτιναχτούν» μέσω των συνδέσεων. Ανακάλυψαν ότι οι άνθρωποι μπορούν να επηρεάσουν ο ένας τον άλλον ακόμα και όταν δεν γνωρίζονται! Επιπλέον, ο Christakis και ο Fowler βρήκαν στοιχεία αυτών των επιρροών ακόμα και σε επίπεδο τριών βαθμίδων (ο φίλος του φίλου του φίλου). Με τα λόγια του Thompson, «Όταν ένας κάτοικος του Framingham γινόταν παχύσαρκος, οι φίλοι-φίλες του είχαν 57% πιθανότητα να γίνουν και αυτοί παχύσαρκοι. Ακόμα πιο εκπληκτικό... εμφανίστηκε να παρακάμπτει τους συνδέσμους. Ένας κάτοικος του Framingham ήταν πιο πιθανό να γίνει παχύσαρκος κατά

20% αν ο φίλος του φίλου γινόταν παχύσαρκος – ακόμα και όταν ο φίλος σύνδεσμος δεν έβαζε ούτε ένα κιλό. Πράγματι, ο κίνδυνος παχυσαρκίας ανέβηκε κατά 10% ακόμα και όταν ο φίλος του φίλου του φίλου έπερνε βάρος».[61]

Μνημονεύοντας τον καθηγήτη Christakis ο Thompson έγραψε, «Κατά κάποιον τρόπο μπορούμε να αρχίσουμε να κατανοήσουμε τα ανθρώπινα συναισθήματα όπως την ευτυχία με τον ίδιο τρόπο που μπορούμε να μελετήσουμε τον πανικό των βουβαλιών, «Γιατί τρέχεις προς τα αριστερά;» Η απάντηση είναι ότι όλο το κοπάδι τρέχει προς τα αριστερά».[62]

Υπάρχουν όμως πολλά περισσότερα στην κοινωνική μετάδοση από το να παρακολουθούμε το βάρος μας ή την καρδιακή μας κατάσταση. Σε μια τηλεοπτική διάλεξη Ο καθηγητής Christakis εξήγησε ότι οι κοινωνικές μας ζωές(και ως εκ τούτου το μεγαλύτερο κομμάτι της φυσικής ζωής μας, κρίνοντας από τις προηγούμενες παραγράφους) εξαρτώνται από την ποιότητα και δύναμη των κοινωνικών μας δικτύων και ότι ρέει μέσω των φλεβών αυτού του δικτύου. Με τα λόγια του, «Σχηματίζουμε κοινωνικά δίκτυα διότι τα οφέλη μιας συνδεμένης ζωής ξεπερνά το οποιοδήποτε κόστος. Αν ήμουν πάντα βίαιος προς εσένα ... ή σε έκανα λυπημένο.... θα έκοβες τα δεσμά με εμένα και το δίκτυο θα διαλυόταν. Έτσι η διάδοση καλών και άξιων πραγμάτων είναι απαιτούμενο για την διατήρηση και ενθάρρυνση των κοινωνικών δικτύων. Παρομοίως, τα κοινωνικά δίκτυα απαιτούνται για την διάδοση και των καλών και αξιόλογων πραγμάτων όπως την αγάπη, την ευγένεια, την ευτυχία, τον αλτρουισμό και ιδεών. .... Νομίζω ότι τα κοινωνικά δίκτυα είναι βασικά συνδεδεμένα με την καλοσύνη, και νομίζω αυτό που χρειάζεται ο κόσμος τώρα είναι περισσότερες διασυνδέσεις».[63]

ΠΛΗΡΟΦΟΡΙΑ, ΑΦΥΠΝΙΣΜΟΣ, ΚΑΙ ΘΕΡΑΠΕΙΑ

Εκτός από το να στοχαζόμαστε την αξία της αμοιβαίας διασφάλισης, δηλαδή να αυξήσουμε την δημοτικότητα της, χρειαζόμαστε να στοχαστούμε τρόπους έτσι ώστε να χαρακτεί στο νου μέσω της δράσης.Μια τέτοια πιθανότητα είναι να προσέλθουν όσο το δυνατό περισσότεροι ειδικοί, όπως οι Christakis και Fowler, και άλλοι, υπό την στήριξη ενός οργανισμού που θα κάνει αυτές τις ιδέες πραγματικότητα μέσω του εκπαιδευτικού συστήματος, των μέσων, και της δημόσιας ψυχαγωγίας.

    Ο τρόπος με τον οποίο αυτές οι ιδέες θα εκφραστούν πρέπει να αφεθεί στους επαγγελματίες του κάθε τομέα όπως ακριβώς οι μουσικοί και οι παραγωγοί ταινιών εκφράζουν τις ιδέες τους σήμερα. Κάθε άτομο καταναλώνει διαφορετικά είδη των ΜΜ, διασκέδασης και πληροφορίας. Οι άνθρωποι ήδη γνωρίζουν τι τους αρέσει να βλέπουν και να διαβάζουν και που τους αρέσει να πηγαίνουν. Σε μερικούς ανθρώπους αρέσει να παρακολουθούν τηλεόραση στο σπίτι, μερικοί να πηγαίνουν στο γυμναστήριο και μερικοί στα μπαρ. Σε μερικούς δεν αρέσει η τηλεόραση καθόλου αλλά καταναλώνουν τις πληροφορίες και την διασκέδασή τους μέσω του διαδικτύου. Όλα αυτά ίσως παραμείνουν τα ίδια αλλά αυτό που χρειάζεται σταδιακά να αλλάξει είναι το είδος του περιεχομένου που αυτά τα μέσα παρουσιάζουν.

    Για την ώρα, παρουσιάζουν πλούτο πληροφοριών, περισσότερες από τις οποίες δεν γνωρίζουμε ότι καταναλώνουμε. Εμείς απλώς απολαμβάνουμε το διάβασμα ή την παρακολούθηση χωρίς να σκεφτόμαστε και πολύ. Μέσα στα ΜΜΕ, όμως, υπάρχουν άνθρωποι όπως οι διαφημιστές που επιδέξια εμφυτεύουν τις ιδέες τους στο μυαλό μας – όπως ότι μια εταιρία είναι καλύτερη από μια άλλη, ή ότι χωρίς τη νέα μικρή συσκευή στην αγορά η ζωή μας δεν θα άξιζε να αποκαλείται «ζωή». Ενώ αυτές οι ιδέες είναι λανθασμένες, βυθίζονται στα μυαλά μας και προβληματίζουν τις σκέψεις μας μέχρι να εφησυχάσουμε την σκέψη μας αγοράζοντας το διαφημιζόμενο προϊόν.

Τώρα, σκεφτείτε τι θα συνέβαινε αν τα μυαλά μας είχαν εμφυτευτεί με την ιδέα ότι όλοι είμαστε αλλοσυνδεδεμένοι και το να πληγώνουμε τους άλλους είναι σα να πληγώνουμε τον εαυτό μας. Πως θα ήταν αν ο κόσμος ακολουθούσε το ρητό – «Αν δεν είσαι καλός, δεν είσαι καλός»;

Δεν πρέπει όμως να αλλάξουν μόνο τα ΜΜΕ. Αν τα σχολεία δίδασκαν «Μαθήματα συνδετότητας», αν θα μπορούσες να ακολουθήσεις τον κλάδο «πρακτική αλληλοσυνδετότητα» στο πανεπιστήμιο, ή να προπονείς την «θετική κοινωνική διαδικτύωση» σε άτομα και προσωπικό εταιριών, μια ολόκληρη νέα ατμόσφαιρα, μια νέα αφίπνηση τηςδιασύνδεσης θα αναδυόταν. Μέσα σε λίγους μήνες οι άνθρωποι θα αισθάνονταν ότι υπήρχε μια αυθεντική εναλλακτική στον εγωκεντρισμό – μια που προσφέρει μεγαλύτερη αξία με χαμηλότερο κόστος.

Τα πάντα θα άλλαζαν. Αντί να διατάζουμε άλλους γύρω μας η ιδέα του να μοιράζεσαι θα ήταν ο τρόπος να συνδεθούμε με συναδέλφους και ομότιμους στο σχολείο. Τα προσωπικά τεστ στα σχολεία και στα πανεπιστήμια θα ήταν ξεπερασμένα διότι η δεξιότητα του ατόμου δεν θα εξαρτώταν από το αν κάποιος απομνημονεύει καλά τις απαντήσεις. Αντιθέτως, η αξία του καθενός θα ήταν μία αντανάκλαση μέχρι σε πιο σημείο κάποιος ήταν *συνδεδεμένος,* στο επίπεδο το οποίο κάποιος έχει αναπτύξει κανάλια πληροφόρησης. Σε μια τέτοια κατάσταση, ένα προσωπικό τεστ θα ήταν άσχετο και μια ομαδική εργασία θα ήταν ένα πολύ κατάλληλο μέσο αξιολόγησης.

Πέρα από τις αλλαγές στην εργασία ή στο σχολείο, οι κοινωνικές μας ζωές θα μεταμορφωθούν. Όταν η συνδετότητα είναι το κλειδί προς την επιτυχία και ευτυχία για τον καθένα, αυτό που καλλιεργεί ο καθένας είναι οι συνδέσεις του. Οι συνδέσεις δημιουργούνται όχι μόνο στη δουλειά, αλλά ακόμα περισσότερο κατά την διάρκεια των ωρών εκτός εργασίας. Ως αποτέλεσμα, το να παρευρισκώμαστε σε εκδρομές, η κοινωνικότητα, το παιχνίδι και ο διαλογισμός θα γίνοταν πολύ πιο δημοφιλή διότι δεν θα είχαν απλώς μια αξία ψυχαγωγίας αλλά θα θεωρούνταν ως προσφορά σε ολόκληρη τη ζωή κάποιου.

Επίσης στην εργασία, η ατμόσφαιρα θα ήταν περισσότερο κοινωνική, καθώς η κοινωνικότητα θα ήταν ένα εργαλείο για την προσωπική και επαγγελματική πρόοδο. Ακόμα περισσότερο, η εκτίμηση της αλληλοεξάρτησης μας και η σημαντικότητα θετικών κοινωνικών συνδέσεων θα εξαφανίσουν την συχνότητα των άδικων συμπεριφορών στη εργασία. Όπως ο Christakis ανέφερε στην ανωτέρω διάλεξή του, «Αν ήμουν πάντα βίαιος προς εσένα .... ή σε έκανα να στενοχωρηθείς ... θα έκοβες τις επαφές μαζί μου και το δίκτυο θα κατέρρεε». Αυτό θα ήταν επιζήμιο στην προσωπική και επαγγελματική πρόοδο κάποιου.

Η θελεμιώδης έννοια είναι απλή: Είμαστε όλοι αλληλοσυνδεδεμένοι, δηλαδή αλληλοεξαρτώμενοι. Ως και τούτου, πρέπει να λύσουμε τα προβλήματά μας στο πνεύμα της αμοιβαίας διασφάλισης, όπου όλοι είμαστε εγγυητές για το ευ ζειν των άλλων.

Αν για παράδειγμα, μια εταιρία αποφάσιζε ότι χρειαζόταν να βελτιώσει την επιχειρησιακή της παρουσίαση για να γίνει κατάλληλη για τον παγκοσμιοποιημένο κόσμο, η εταιρία θα ζητούσε έναν ειδικό στην αμοιβαία διασφάλιση για να εκπαιδεύσει το προσωπικό(αφεντικά και εργαζόμενους μαζί) για να δουλεύουν και να σκέπτονται «ως μια εταιρία» σε έναν αλληλοσυνδεόμενο κόσμο. Τα αποτελέσματα θα βελτίωναν τις ενδοπροσωπικές σχέσεις, την καλύτερη ροή πληροφοριών σε όλη την εταιρία, τον βαθμό εμπιστοσύνης σε όλα τα επίπεδα, και την λεπτομερή εξέταση σε κάθε βήμα στον σχεδιασμό και την παραγωγή των προϊόντων, ώστε να αποδώσει καλύτερα προϊόντα και να βελτιώσει τις σχέσεις των πελατών της.

ΑΠΑΣΧΟΛΗΣΗ ΚΑΙ ΕΞΑΣΚΗΣΗ

«Η επιστήμη ίσως ποτέ να μην βρει ένα καλύτερο σύστημα επικοινωνίας στο γραφείο από το διάλειμμα για καφέ».
Αποδίδεται στον Earl Wilson

Η ανάγκη να καλλιεργήσουμε νέες συνδέσεις στην ανθρώπινη κοινωνία θα μας βοηθήσει να αντιμετωπίσουμε και το αυξανόμενο πρόβλημα της παγκόσμιας ανεργίας.. Οι επικεφαλείς του Οργανισμού Οικονομικής Συνεργασίας και Ανάπτυξης (OECD) και ο Οργανισμός Διεθνούς Εργασίας (ILO) πρόσφατα ανέφεραν ότι «Ο συνολικός αριθμός ανέργων είναι ακόμα 200 εκατομμύρια παγκοσμίως, σχεδόν στο ζενίθ που κατεγράφη στο βάθος της Μεγάλης Ύφεσης».[64] Ακόμα και στις χώρες του G20, η προειδοποίηση πρόσθεσε, «Η ανάλυση εκφράζει ανησυχία ότι η ανεργία ίσως ....αυξηθεί ... μέχρι τα τέλη του 2012, με αποτέλεσμα την απώλεια 40 εκατομμυρίων θέσεων εργασίας στις αναπτυγμένες χώρες την επόμενη χρονιά (2012) και ακόμα μεγαλύτερη απώλεια μέχρι το 2015».

Σύμφωνα με την Huffington Post, «Η ανεργία στην Ισπανία αυξήθηκε ξαφνικά σε νέο υψηλό της τάξεως του 21.3% για την Ευρωζώνη στο πρώτο τετράμηνο του 2011, με καταγραφέντα αριθμό ανέργων 4.9 εκατομμύρια»,[65] και το Τμήμα Στατιστικής Εργασίας των Η.Π.Α. ανέφερε ότι η παρούσα ανεργία στις Η.Π.Α. είναι σε 8.6%, με 13.3 εκατομμύρια κόσμο χωρίς εργασία.[66]

Όμως, πιο ανησυχητικό και πιο κοινωνικά ασταθές είναι το ποσοστό ανέργων στους νέους στην Ευρωζώνη, και ειδικά στην Ισπανία και στην Ελλάδα, αλλά και στις Ηνωμένες Πολιτείες. Μια είδηση στις 22 Δεκεμβρίου του 2011 από τον Felix Salmon για το Ρόυτερ αναφέρει, «Η Ισπανία και η Ελλάδα έχουν σχεδόν απίστευτα υψηλά ανεργία στους νέους που αγγίζει το 50%, αλλά και η Ιρλανδία βλέπει την ανεργία στους νέους της να πηγαίνει στην κορυφή από την αρχή της κρίσης από τα χαμηλά του 10% στα υψηλά πάνω του 30%».[67]

Όσον αφορά τις Η.Π.Α., το κείμενο συνεχίζει, «Αυτό που πρέπει να σημειώσουμε εδώ δεν είναι μόνο το απόλυτο επίπεδο ανεργίας στους νέους που είναι τώρα στο 18.1%, και για τους μαύρους 31% – αλλά επίσης η απότομη αύξηση (από λίγο πάνω του 10% το 2007 σε λίγο πάνω του 18% το 2010)». Χωρίς να το λέει σαφώς, η αναφορά προσφέρει μια σκληρή σύγκριση της οποίας το νόημα είναι ξεκάθαρο: «Οι Η.Π.Α. είναι ακριβώς στο ίδιο σημείο όπως τα επίπεδα που είδαμε στην Μέση Ανατολή που προκάλεσαν την Αραβική Άνοιξη. Είμαστε χαμηλότερα από την Αίγυπτο και την Τυνησία, αλλά είμαστε υψηλότερα από το Μαρόκο και την Συρία».

Οι νέοι, μορφωμένοι, αισθάνονται ότι ξοδεύουν τα καλύτερα τους χρόνια και πόρους τους(ή καλύτερα τους πόρους των γονέων τους) για να έχουν τα προσόντα για ένα κόσμο που δεν υπάρχει πια. Η εκτίμηση δεν είναι μόνο ένα συναίσθημα. Στο βιβλίο του, *Ο Γενναίος Νέος Κόσμος της Εργασίας*, ο καθηγητής Ulrich Beck, ένας από τους κορυφαίους κοινωνιολόγους της Ευρώπης, εξηγεί ότι «Η κοινωνία της εργασίας φτάνει στο τέλος της καθώς όλο και περισσότεροι άνθρωποι περιθωριοποιούνται από τις έξυπνες τεχνολογίες. Αντίστοιχα για εμάς στο τέλος του $21^{ου}$ αιώνα, ο καθημερινός αγώνας για τις θέσεις εργασίας θα φαίνεται σαν μια μάχη για τα καθίσματα στον Τιτανικό. Η «εργασία εφόρου ζωής» έχει εξαφανιστεί.... και όλη η αμοιβόμενη εργασία είναι υποκείμενο απειλής για αντικατάσταση».[68]

Το θέλουμε ή όχι, η κρίση θα οδηγήσει σε μείωση στις ήδη μειωμένες βιομηχανίες και στην αναγνώριση ότι το μεγαλύτερο μέρος του πληθυσμού απλώς δεν χρειάζεται για την αγορά εργασίας. Όμως, αν οι άνθρωποι που δεν εργάζονται σήμερα και δεν θα εργάζονται στο μέλλον τι θα κάνουν; Πως θα ζήσουν; Και αν τους δίδεται κάποια παροχή είτε από την κυβέρνηση είτε από κάποιο άλλο φορέα, η οκνηρία δεν θα τους κατέστρεφε πνευματικά και συναισθηματικά; Αυτή θα ήταν μια εκρηκτική κατάσταση για οποιαδήποτε κοινωνία, μια σταθερή αιτία αστάθειας, χάους και εγκληματικότητας.

Η λύση στο πρόβλημα της ανθρώπινης οκνηρίας θα είναι να επιστρέψουν οι άνθρωποι στα σχολεία. Όμως, δεν θα είναι το γυμνάσιο πάλι από την αρχή , ούτε το κολέγιο, ούτε παιδεία ενηλίκων οποιουδήποτε είδους που γνωρίζουμε. Θα είναι ένα «Παγκοσμιοποιημένο Σχολείο για Πολίτες του Αλληλοσυνδεόμενου Κόσμου». Οι σπουδές δεν θα κοστίζουν. Αντιθέτως, το σχολείο θα δίδει υποτροφίες στους συμμετέχοντες όπως ακριβώς λαμβάνουν οι φοιτητές στο πανεπιστήμιο. Η πολιτεία θα χρηματοδοτεί τις υποτροφίες με χρήματα που θα λαμβάνει από τις περικοπές του δυναμικού των δημοσίων υπαλλήλων αφού οι αμοιβές των ταμείων ανεργίας κοστίζουν στο κράτος λιγότερο από το να διατηρεί τους ανθρώπους εργαζόμενους σε υποκρύπτουσα ανεργία.

Επίσης, η αυξανόμενη αντίληψη της αλληλοσύνδεσης μας θα δημιουργήσει μια ατμόσφαιρα στην οποία θα είναι εύκολο για τα «έχω» να μοιραστούν κάποια από αυτά που έχουν με τα «δεν έχω». Λίγος συντονισμός στην φορολόγηση είναι επίσης πιθανός, ακόμα και αν είναι απλώς του σχήματος να εισπράττει πραγματικούς φόρους από το να τους διαφεύγουν οι πλούσιοι μέσω εφιούς λογιστικής.

Επαναλαμβάνω, όλες αυτές οι αλλαγές... πρέπει να συμβούν με *προθυμία*, από την στιγμή που η μεγάλη πλειοψηφία στην κοινωνία αναγνωρίσει την αλληλοσύνδεση και αλληλοεξάρτηση μας και επιθυμεί να ζήσει με αυτόν τον τρόπο. Το να μοιραζόμαστε δεν σημαίνει ότι πρέπει το μοίρασμα να είναι σε χρηματική μορφή: μπορεί να εμφανιστεί ως είδος προσφοράς φτηνών κατοικιών προς ενοικίαση, μειώνοντας τα περιθώρια κέρδους σε βασικά προϊόντα για να βοηθήσει τους λιγότερο εύπορους, και με διάφορους άλλους τρόπους με τους οποίους μπορεί να δείξει την στήριξή του στην κοινωνία.

Η αιτία γιατί η πληρωμή για την συμμετοχή στο Παγκοσμιοποιημένο Σχολείο θα θεωρείται ως βοήθημα και όχι ως επίδομα ανεργίας είναι ότι τα επιδόματα ανεργίας μπορούν να έχουν μια αρνητική κοινωνική στάμπα, ενώ τα βοηθήματα όχι. Είναι πολύ σημαντικό ότι οι μαθητές στο νέο σχολείο να αισθάνονται εμπιστοσύνη και περίφανοι που βρίσκονται εκεί. Αυτό θα τους κάνει περισσότερο δεκτικούς στο εκπαιδευτικό υλικό.

Στο Παγκοσμιοποιημένο Σχολείο, οι άνθρωποι θα μάθουν πως να χειρίζονται τους εαυτούς τους σε έναν κόσμο που έχει αλληλοσυνδεθεί, όπου είναι εξαρτώμενοι από άλλους για την επιβίωσή τους. Θα μάθουν για την πορεία της εξέλιξης, όπως συζητήθηκε νωρίτερα σε αυτό το βιβλίο, την ανάγκη να συντονιστεί η ανθρώπινη κοινωνία σε αυτήν την πορεία, τα οφέλη καθώς και τις ζημιές που θα προέλθουν σε αυτόν τον συντονισμό. Οι άνθρωποι θα μάθουν την αξία της επικοινωνίας, νέους τρόπους επικοινωνίας ,και θα λάβουν έγκυρες δεξιότητες πάνω στα οικονομικά του σπιτιού, την ενδοπροσωπική επικοινωνία, και άλλες απαραίτητες γνώσεις σε καιρούς όπου οι αλλαγές επιταχύνονται.

Επειδή οι άνθρωποι θα έχουν περισσότερο ελεύθερο χρόνο, θα μπορούν να τον χρησιμοποιήσουν για να μάθουν τις νέες δεξιότητες. Αυτές οι δεξιότητες θα διδαχτούν στο σχολείο αλλά θα είναι και χρήσιμες έξω από αυτό, δίνοντας στους ανθρώπους περισσότερες εναλλακτικές για την εύρεση εργασίας – όπως ευκαιρίες να κοινωνικοποιηθούν με νέους ανθρώπους, ή να ανοίξουν νέους δρόμους για να προσφέρουν στην κοινωνία. Κάθε δεξιότητα, είτε είναι η αγροτική καλλιέργεια είτε ο προγραμματισμός, θα είναι χρήσιμο για το μέλλον όπως είναι και σήμερα. Επειδή οι πόροι ζωής των ανθρώπων δεν θα εξαρτώνται στην ικανότητά τους να πουλήσουν τα προϊόντα τους, θα εστιαστούν στο να αναπτύξουν μόνο ότι είναι απαραίτητο και εξυπηρετικό. Θα κατασκευάσουν προϊόντα που θα αντέχουν στο χρόνο αντί προϊόντων με προγραμματισμένη βραχυβιότητα που σκοπό έχουν να αναγκάσουν τον κόσμο να ξοδεύει περισσότερα από ότι πρέπει ή θα ήθελε να ξοδέψει.

Οι άνθρωποι θα έχουν τώρα το χρόνο για την κοινωνικοποίηση. Θα παρακολουθούν το σχολείο ή θα δουλεύουν, αλλά θα υπάρχει πολύ περισσότερος χρόνος από ότι υπάρχει σήμερα και οι άνθρωποι θα τον χρησιμοποιήσουν για να κοινωνικοποιηθούν όπως είπαμε νωρίτερα σε αυτό το κεφάλαιο. Η κοινωνικοποίηση δεν θα είναι σκοπός, αλλά το μέσο για εμπλουτισμό, μια βοήθεια μάθησης, μια ευκαιρία να αποκτηθεί διορατικότητα στα νέα πεδία γνώσης, νέα εμβάνθυση της σκέψης,ή απλώς να βελτιωθεί η προσωπική αυτοεκτίμηση έχοντας περισσότερους φίλους (πραγματικούς φίλους, όχι φίλους στο Facebook).

Κοιτάζοντας μπροστά, σε λίγα χρόνια από σήμερα η ζωή θα είναι πολύ διαφορετική. Σήμερα οι άνθρωποι είναι τόσο αγχωμένοι που με δυσκολία έχουν χρόνο να αναπνεύσουν. Ζούμε μια σταθερή ποντικο-κούρσα σε ένα επιταχυνόμενο ρυθμό. Όμως όταν συμπτυχθεί η βιομηχανία και δεν θα χρειάζεται να δουλεύουμε αρκετές ώρες, θα έχουμε περισσότερο χρόνο να καλλιεργήσουμε τα ενδιαφέροντά μας και τους κοινωνικούς δεσμούς μας. Τότε θα έχουμε πραγματική ανάπτυξη και αύξηση της ευτυχίας.

Στο άρθρο του στις *New York Times*, «Η Γη είναι Γεμάτη»,[69] ο Thomas Friedman, συγγραφέας του *Ο Κόσμος είναι επίπεδος : Μια σύντομη ιστορία του εικοστού πρώτου αιώνα*, αναφέρει το βιβλίο του Paul Gilding, *Η Μεγάλη Αναστάτωση: Γιατί η Κλιματική Κρίση Θα Φέρει Το Τέλος της Κατανάλωσης και την Γέννηση ενός Νέου Κόσμου*. Ο Friedman μνημονεύει τον Gilding λέγοντας, «Αν κόψεις περισσότερα δένδρα από αυτά που μεγαλώνεις, θα σου τελειώσουν τα δένδρα». Καθώς ο αντίκτυπος της επικείμενης Μεγάλης Αναστάτωσης μας κτυπά, ο Gilding γράφει, «Η απάντησή μας θα είναι ανάλογα δραματική, επιστρατευτική όπως κάνουμε και στον πόλεμο. Θα αλλάξουμε σε βαθμό και ταχύτητα που μετά βίας μπορούμε να φανταστούμε σήμερα, μεταμορφώνοντας , μόλις σε λίγες δεκαετίες πλήρως την οικονομία μας, συμπεριλαμβανωμένων της ενέργειας και τις βιομηχανίες κατασκευής μέσων μεταφοράς».

Ο Friedman εξηγεί ότι σύμφωνα με τον Gilding, θα καταλάβουμε ότι το μοντέλο ανάπτυξης μέσω καταναλωτή δεν είναι επαρκές και ότι πρέπει να κινηθούμε σε ένα μοντέλο ανάπτυξης καθοδηγούμενο από την ευτυχία, βασιζόμενο στο να δουλεύουν και να χρωστούν λιγότερο οι άνθρωποι. «Πόσοι άνθρωποι», ρωτάει ο Gilding, «βρίσκονται στο κρεβάτι του θανάτου και λένε, «Μακάρι να είχα δουλέψει σκληρότερα ή να δημιουργούσα μια μεγαλύτερης αξίας χρηματοφυλάκιο», και πόσοι λένε, «Μακάρι να είχα πάει σε περισσότερους αγώνες ποδοσφαίρου, να είχα διαβάσει περισσότερα βιβλία στα παιδιά μου, να είχα κάνει περισσότερους περιπάτους;» Για να γίνει αυτό, χρειάζεται ένα μοντέλο ανάπτυξης βασισμένο στο να δίνει στους ανθρώπους περισσότερο χρόνο να απολαύσουν την ζωή αλλά με λιγότερη εργασία».

ΟΙ ΑΡΧΕΣ ΤΗΣ ΠΑΙΔΕΙΑΣ

«Το να φτιάξεις τον κόσμο σημαίνει να φτιάξεις την παιδεία».[70]
Janusz Korczak, ένας εκπαιδευτικός

Μέχρι τώρα, έχουμε μιλήσει γενικά για την κοινωνία ενηλίκων και συγκεκριμένα για την εκπαίδευση ενηλίκων. Όμως, σε βάθος χρόνου, το μέλλον μας εξαρτάται από το πως μορφώνουμε τα παιδιά μας και όχι τους εαυτούς μας. Για αυτόν τον λόγο, φαίνεται κατάλληλο να παρουσιάσουμε μερικά από τα βασικά στοιχεία από την παιδεία των παιδιών στο νέο κόσμο.

Πρώτο και πιο σημαντικό είναι το σχολείο. Ο σκοπός του σχολείου στο νέο κόσμο είναι όχι απλώς να διδάξει γνώση έτσι ώστε το παιδί να περάσει ένα διαγώνισμα. Μάλλον το σχολείο πρέπει να αναθρέψει τα παιδιά για να γίνουν ανθρώπινα όντα, ή καλύτερα ακόμα, *εύσπλαχνα*. Τα παιδιά πρέπει να μορφωθούν για το είδος του κόσμου στον οποίο θα ζήσουν όταν ενηλικιωθούν. Πρέπει να τους δωθούν τα εργαλεία για να είναι τα συνδετικά και επικοινωνιακά άτομα που επιδιώκουμε για να διδάξουν τους ενήλικες να είναι, ικανοί να δημιουργήσουν ευγενικές και διαρκείς σχέσεις της αμοιβαίας διασφάλισης.

Αυτό θα επιτευχθεί δημιουργώντας ένα θετικό κοινωνιακό περιβάλλον στο σχολείο, και – πολύ σημαντικό – ένα φιλικό σχολικό περιβάλλον στο σπίτι. Αντί να διδάσκονται πως να είναι οι καλύτεροι στην τάξη, στα παιδιά χρειάζεται να διδάσκονται πως να κτίσουν μια κοινωνία όπου τα παιδιά είναι συνδεδεμένα το ένα με το άλλο, όπου το περιβάλλον είναι φιλικό και ίσο για όλα.. Μπορούν να ξεκινήσουν, για παράδειγμα, κάθοντας σε κύκλους αντί σε σειρές δίπλα σε χωρισμένα θρανία. Μπορεί να διδαχτούν παιχνίδια που αποκαλύπτουν πόση δύναμη και λογική προσφέρει αυτού του είδους η μελέτη.

Η έννοια της δημόσιας μάθησης, σε αντίθεση με την ατομική μάθηση, δεν είναι μια θεωρητική αντίληψη. Έχει δοκιμαστεί πολλές φορές με επαναλαμβανόμενη επιτυχία σε σημείο που πρέπει να αναρωτηθεί κάποιος πως μπορέσαμε να είμαστε αδιάφοροι σε αυτά τα εμφανή πλεονεκτήματα για τόσο χρόνο.

Σε μια εργασία με τίτλο, «Μια Επιτυχής Μορφωτική Ψυχολογική Ιστορία: Θεωρία Κοινωνικής Αλληλοεξάρτησης και Συνεργασιακής Μάθησης», οι καθηγητές του Πανεπιστημίου της Μινεσότα, David W. Johnson και Roger T. Johnson παρουσιάζουν μια επιβλητική περίπτωση για την θεωρία της «κοινωνικής αλληλοεξάρτησης». Με τα λεγόμενά τους, «περισσότερες από 1.200 ερευνητικές μελέτες έχουν διεξαχθεί τις τελευταίες 11 δεκαετίες με συνεργασιακές, ανταγωνιστικές και ατομικές προσπάθειες».[71]

Οι Johnson και Johnson σύγκριναν την αποτελεσματικότητα της συνεργασιακής μάθησης με την πιο κοινώς χρησιμοποιούμενη, ανταγωνιστική μάθηση. Τα αποτελέσματα ήταν ξεκάθαρα. Όσον αφορά την ατομική ευθύνη και προσωπική ευθύνη, κατέληξαν, «Η θετική αλληλοεξάρτηση που δένει τα μέλη της ομάδας μαζί προυποθέτει να έχει ως αποτέλεσμα αισθήματα ευθύνης για (α) την ολοκλήρωση της εργασίας και (β) την προώθηση της εργασίας σε άλλα μέλη ομάδων. Επιπλέον, όταν η προσωπική επίδοση επηρεάζει τα αποτελέσματα των συνεργατών, το άτομο αισθάνεται υπεύθυνο για την ευημερία των συνεργατών καθώς και τον ίδιο τον εαυτό του. Το να αποτύχει κάποιος είναι άσχημο αλλά να αποτύχουν άλλοι καθώς και ο ίδιος είναι χειρότερο».[72]

Με άλλα λόγια, η θετική αλληλοεξάρτηση κάνει τους ατομιστές συντροφικούς και συνεργάσιμους, ακριβώς το αντίθετο από την τωρινή μόδα όπου ο υπερβάλλων ατομισμός φτάνει στο επίπεδο του Ναρκισσισμού.

Για να αποδείξουν τα οφέλη της συνεργασίας, οι ερευνητές μέτρησαν τα κατορθώματα των μαθητών που συνεργάστηκαν με αυτά των μαθητών που ανταγωνίστηκαν. «Το μέσο άτομο που συνεργάστηκε βρέθηκε να κατορθώνει περίπου τα δυο τρίτα της βασικής απόκλισης πάνω από το μέσο άτομο που δούλεψε μέσα στο ανταγωνιστικό και ατομικό πλαίσιο».

Για να καταλάβουμε το νόημα μιας τέτοιας απόκλισης πάνω του μέσου όρου, σκεφτείτε αν ένα παιδί είναι μαθητής επιπέδου Δ (μέτριος), συνεργάζοντας οι βαθμοί του,της θα ανέβουν στον εκπληκτικό μέσο όρο του Α+. Επίσης, έγραψαν, «Η συνεργασία όταν συγκρίνεται με ανταγωνιστικές και ατομικές προσπάθειες, τείνει να προωθεί μεγαλύτερης διάρκειας παρακράτηση στη μνήμη, μεγαλύτερα ενδο-κίνητρα και προσδοκίες για επιτυχία, περισσότερη δημιουργική σκέψη ....και περισσότερο θετικές συμπεριφορές προς το έργο και το σχολείο».

Στην συνεργασιακή μάθηση, ο ρόλος του εκπαιδευτικού δεν είναι να υπαγορεύσει το υλικό, αλλά πάνω από όλα να καθοδηγήσει τα παιδιά. Πρέπει να βλέπουν τον εκπαιδευτικό τους σαν έναν μεγάλο, μορφωμένο φίλο. Οι εκπαιδευτικοί και οι μαθητές πρέπει να κάθονται μαζί σε έναν κύκλο, στο ίδιο ύψος και να μιλάνε ως ίσοι. Εδώ, η υπεροψία και ο έλεγχος αντικαθίσταται από επιδέξια καθοδήγηση για να βοηθήσουν τα παιδιά να ανακαλύψουν πράγματα για τους εαυτούς τους μέσω της σκέψης ή μέσω των προσπαθειών των ομάδων τους. Τα παιδιά μαθαίνουν να σκέπτονται, να μοιράζονται τις ιδέες τους και να διαφωνούν ενώ σέβονται το ένα τον άλλο για τα προσωπικά τους προσόντα και μοναδικότητα. Αυτό επιτρέπει στον καθένα να εκφράσει τις σκέψεις του, της ελεύθερα και να αποκαλύψουν τις ξεχωριστές ικανότητες του κάθε παιδιού. Με αυτόν τον τρόπο, τα παιδιά θα επεκτείνουν την άποψή τους για τον κόσμο και θα αφομιώσουν ιδέες και προοπτικές.

Επαναλαμβάνοντας αυτό το είδος μάθησης τα παιδιά μαθαίνουν να εκτιμούν την σύνδεση μεταξύ των ως το πιο σημαντικό προσόν αφού αυτό είναι που τους δίδει όλες τις γνώσεις και την δύναμη που έχουν. Αρχίζουν να απολαμβάνουν την επιτυχία μόνο μαζί με τους άλλους, και η αξία του κάθε προσώπου δεν μετριέται με ατομική αριστεία αλλά με την προσφορά της αριστείας για την επιτυχία της ομάδας.

Οι ομάδες μελέτης θα είναι σχετικά μικρές και σε κάθε ομάδα θα προστίθεται ένας ή δυο μαθητές που είναι δυο ή τρία χρόνια μεγαλύτεροι από όλους. Αυτά τα μεγαλύτερα παιδιά θα λειτουργήσουν ως καθοδηγητές. Επειδή η φυσική τάση του παιδιού είναι να αντιγράφει άλλα παιδιά, αυτά τα παιδιά-καθοδηγητές θα είναι στην πραγματικότητα οι καλύτεροι εκπαιδευτικοί, καθώς οι μαθητές θα προσπαθήσουν φυσικά να τους αντιγράψουν. Τα μεγαλύτερα παιδιά που διδάσκουν θα κερδίσουν αρκετά παρομοίως – όπως μια βαθύτερη κατανόηση του υλικού, μια βαθύτερη κατανόηση των εαυτών τους, και την ευκαιρία να συνεισφέρουν στην κοινωνία και να κερδίσουν την έγκρισή της.[73]

Η πειθαρχία στα παιδιά θα χειρίζεται πολύ διαφορετικά από ότι στα σημερινά σχολεία. Όταν υπάρχει κάποιο παράπτωμα, τα ίδια τα παιδιά, μαζί με τους ενήλικες και τους επαγγελματίες θα αποφασίσουν πως θα διαχειριστούν την κατάσταση. Τα παιδιά πρέπει να διδαχτούν την δημιουργική κριτική σκέψη και αναλύοντας τις στιγμές των μικρών κρίσεων είναι μεγάλη ευκαιρία για να διδακτούν αυτήν την σκέψη. Αν κάποιος δεν συμπεριφέρεται καλά, η τάξη θα συγκεντρωθεί και θα συζητήσει τι θα πρέπει να γίνει για αυτό και πως θα μπορεί να προληφθεί από το να ξανασυμβεί.[74]

Η συζήτηση δεν πρέπει να είναι μία θεωρητική διαδικασία αλλά τα παιδιά (όχι αυτά για τα οποία ομιλούμε) θα μιμηθούν τη κατάσταση και θα αναφέρουν στην τάξη πως αισθάνθηκαν, τι τους οδήγησε να συμπεριφερθούν έτσι, κλπ. Έπειτα θα διευθύνουν μια ομαδική συνομιλία όπου όλα τα παιδιά λαμβάνουν μέρος έτσι ώστε όταν ληφθεί μια απόφαση όλα τα παιδιά θα έχουν την «εμπειρία» αφού όλοι θα είναι παρόντες στο γεγονός. Έτσι θα μπορούν να πάρουν μια απόφαση που θα είναι πιο δίκαιη, όμως με συμπόνια και κατανόηση.

Τέτοιες συζητήσεις διδάσκουν τα παιδιά να σκέπτονται θέματα από διαφορετικές γωνίες και να γνωρίζουν ότι είναι εντάξει ακόμα και φυσικό να έχουν πολλές απόψεις στο ίδιο θέμα. Ακόμα περισσότερο, μέσω της επαναλαμβανόμενης προσομοίωσης και άσκησης των ιδεών από διαφορετικές απόψεις, τα παιδιά θα μάθουν να προσμένουν να αλλάξουν τις απόψεις τους, να μετανοιώσουν, να αποδεχτούν τα λάθη, και να δικαιολογήσουν τις απόψεις των φίλων τους αντί τις δικές τους.

Τουλάχιστον μια φορά την εβδομάδα, τα παιδιά θα κάνουν εκδρομές και ξεναγήσεις για να τους βοηθήσουν να γνωρίσουν τον κόσμο που ζουν από «κοντά». Προτεινόμενες εκδρομές θα συμπεριλαμβάνουν μέρη που δεν πηγαίνουν και δεν γνωρίζουν όπως τράπεζες, αρχηγεία της αστυνομίας, μουσεία παντός είδους, εργοστάσια και δικαστήρια.

Κάθε τέτοια εκδρομή θα προηγείται με επεξηγήσεις σχετικά με το μέρος που πρόκειται να επισκεφτούν, το τι περιμένουν να βρουν, το τι ήδη γνωρίζουν για αυτό το μέρος, τον ρόλο του στις ζωές τους, πως ωφελεί την κοινωνία, τι είδους άνθρωποι δουλεύουν εκεί και τι είδους εξάσκηση και παιδεία χρειάζεται κάποιος για να δουλέψει εκεί. Μετά την ξενάγηση τα παιδιά θα συζητήσουν και θα μοιραστούν τις εμπειρίες τους από την εκδρομή εμπλουτίζοντας το ένα το άλλο από την ενόραση τους.

Μέσω αυτών των ξεναγήσεων και εκδρομών τα παιδιά θα μάθουν να γνωρίζουν τον κόσμο με πιο προσωπικό τρόπο από το να τον βλέπουν στην τηλεόραση όπου θα επηρεαστούν από την άποψη του το τι θέλει να δείξει ο διευθύνων του σταθμού. Μερικές φορές, όπως με τα μουσεία, τα παιδιά δεν θα γνωρίζουν τίποτα για αυτά τα μέρη αν δεν ήταν το σχολείο. Πέρα από το να μάθουν για το μέρος που επισκέπτονται, γνωρίζοντας τα στοιχεία που επηρεάζουν τις ζωές τους, θα αισθανθούν από πρώτο χέρι το δίκτυ που συνδέει την ανθρώπινη κοινωνία.

Θα μάθουν ότι ο κόσμος είναι ενσωματωμένος και συνδεδεμένος μέσω των «εμπειριών» αμοιβαίας διάθεσης, δείχνοντας διαφορετικά μέρη, τις λειτουργίες στις ζωές τους, και τις συνδέσεις προς άλλα μέρη που επηρεάζουν τις ζωές τους. Αυτές οι πληροφορίες θα είναι ζωτικές για την εμπιστοσύνη του παιδιού και την προετοιμασία για την ζωή πέραν του σχολείου.

Ένα ακόμα σημαντικό εκπαιδευτικό βοήθημα είναι η χρήση της βιντεοκάμερας. Προτείνεται ότι όλα τα μαθήματα – τα οποία δεν είναι «μαθήματα» αλλά συζητήσεις και ομαδική εργασία – να εγγράφονται στο βίντεο. Τα παιδιά σύντομα θα συνηθίσουν στην παρουσία της κάμερας και θα συμπεριφέρονται φυσιολογικά. Αυτό τους επιτρέπει να δουν τους εαυτούς τους από πλαγίως ξαναβλέποντας τα γεγονότα που απαιτούν ειδική προσοχή. Κοιτάζοντας το βίντεο μιας κατάστασης, μπορούν να αναλύσουν πιο καθαρά το πως δούλεψαν ως ομάδα, πως χειρίστηκαν τις παρεμβάσεις και πως συγγενεύουν ο ένας με τον άλλο. Με τον ίδιο τρόπο μπορούν να κρίνουν τους εαυτούς τους και τις σχέσεις τους με τους άλλους και να δουν που είναι επιτυχείς και που χρειάζεται να βελτιωθούν.[75]

ΩΘΩΝΤΑΣ ΓΙΑ ΤΗΝ ΑΛΛΑΓΗ ΜΑΖΙ

«Δεν είμαστε επουδενί ξένοι, συνδεώμαστε με κοινό προορισμό. Και αυτές οι στιγμές ανατάραξης πρέπει να μας φέρουν ακόμα πιο κοντά».[76]
Κριστίν Λαγκάρντ, Διευθύνων Σύμβουλος, Διεθνές Νομισματικό Ταμείο

Όλες οι αλλαγές που έχουμε περιγράψει έως τώρα στις κοινωνίες ενηλίκων και παιδιών θα δημιουργήσουν μια ατμόσφαιρα στον περιβάλλοντα χώρο μας. Όπως μπορέσαμε να δούμε, αυτές οι αλλαγές θα επηρεάσουν κάθε μέρος της ζωής μας – εργασία, οικογένεια, φίλους, σχολείο, το δικαστικό σύστημα, τα ΜΜΕ, τις ενδοπροσωπικές σχέσεις, τις διεθνείς σχέσεις, τις εμπορικές σχέσεις κλπ.

Ενδιαφέρον έχει ότι δεν χρειαζόμαστε όλη την κοινωνία για να βάλει αυτήν την μεταμόρφωση σε λειτουργία αλλά σχετικά ένα μικρό αριθμό ανθρώπων. Οι επιστήμονες στο με κύρος Πολυτεχνικό Ινστιτούτο του Rensselaer (RPI) βρήκαν ότι ακόμα και όταν το 10% του πληθυσμού μοιραστεί μια πεποίθηση ή πίστη, το υπόλοιπο της κοινωνίας το υιοθετεί. Τα μαθηματικά μοντέλα δείχνουν ότι υπάρχει ένα ξαφνικό άλμα στην αποδοχή: κάτω από το σημείο του 10% το αποτέλεσμα είναι μετά βίας ορατό, αλλά από την στιγμή που θα φτάσει στο 10%, η άποψη διαδίδεται σαν την φωτιά.[77]

Θεωρώντας ότι το διαδίκτυο γενικά, και συγκεκριμένα τα κοινωνικά δίκτυα, ενεργοποιούν την ταχεία διάδοση των ιδεών, είναι ώρα να αρχίσουμε να μιλάμε για την ανάγκη για σύνδεση, ασχέτως των διαφορών μας, για το μέλλον όλων μας, και να επικαλεστούμε την βοήθεια όσων περισσότερων ανθρώπων μπορούμε για αυτή την ιδέα. Οι επιστήμονες του RPI έδωσαν την Τυνησία και την Αίγυπτο ως παραδείγματα για μια τέτοια διαδικασία λέγοντας, «Σε αυτές τις χώρες, οι δικτάτορες που είχαν την εξουσία για δεκαετίες ξαφνικά εκδιώχτηκαν μόνο σε λίγες εβδομάδες».

Όταν το σκεφτούμε αυτό, υπάρχουν πολύ περισσότερο από το 10% που θέλουν να έχουν έναν ασφαλέστερο, φιλικότερο κόσμο από αυτόν που έχουμε τώρα, έτσι οι πιθανότητες για να κάνουμε το ανυποχώρητο 10% του πληθυσμού, δηλαδή να τον παρακινήσουμε για αλλαγή, είναι πολύ υψηλότερες από αυτό που φαίνεται με πρώτη ματιά.

ΚΑΜΠΑΝΙΑ ΓΙΑ ΤΙΣ ΖΩΕΣ ΜΑΣ

Η αμοιβαία διασφάλιση είναι σαν μια σφαίρα που μεγαλώνει συνδέοντας τα αντίθετα. Αληθές είναι ότι είμαστε διαφορετικοί με κάθε τρόπο – στις σκέψεις μας, τις συνήθειες μας, στους χαρακτήρες μας και στα σώματά μας. Όμως κατά την ίδια στιγμή, καταλαβαίνουμε ότι η πραγματικότητα μας υπαγορεύει να ενωθούμε και να δουλέψουμε μαζί. Μια κοινωνία που προβάλλει το μήνυμα ότι η αμοιβαία διασφάλιση είναι ο βασικός νόμος της ζωής δεν θα μας κάνει μόνο να καταλάβουμε αυτήν την έννοια πνευματικά, αλλά θα παλέψει να την εφαρμόσει στην καθημερινή μας ζωή. Όπως η καλή διαφήμιση δημιουργεί τέτοιο θόρυβο γύρω από ένα νέο προϊόν ή υπηρεσία που αισθανόμαστε την ανάγκη να αγοράσουμε, δημιουργώντας θόρυβο γύρω από την έννοια της αμοιβαίας διασφάλισης θα μας κάνει να αισθανθούμε ότι πρέπει να την έχουμε, πρέπει να αισθανθούμε το πως είναι να ζούμε με αυτόν τον τρόπο.

Μια συστηματική και σταθερή δημιουργία της κοινωνίας με παγκόσμια συνείδηση θα κάνει τον καθένα μας να αναπτύξει μια συνολική αντίληψη του κόσμου. Αντί του «εμένα» και «αυτοί» θα αρχίσουμε να βλέπουμε την πραγματικότητα ως «εμείς» ή «όλοι μας». Θα αλλάξουμε από το να θέλουμε προσωπική ευχαρίστηση στο να θέλουμε ικανοποίηση για τον γενικό πληθυσμό. Η άποψή μας θα επεκταθεί απο προσωπική σε συλλογική, και νέες οράσεις θα ξυπνήσουν μέσα μας.

«Η πολλαπλότητα είναι μόνο εμφανής. Στην πραγματικότητα υπάρχει μόνο ένας νους».[78]

Erwin Schrödinger, φυσικός, ένας από τους εφευρέτες της κβαντομηχανικής

ΚΟΙΝΩΝΙΚΗ ΔΙΚΑΙΟΣΥΝΗ

«Η Δύση προκαλείται να φέρει όχι μόνο ανάπτυξη, αλλά και συλλογική ανάπτυξη, η οποία, σημαντικά, εμπλέκει μεγαλύτερη κοινωνική δικαιοσύνη».[79]
Mohamed A. El-Erian, CEO of PIMCO,
και συγγραφέας του *Όταν αι Αγορές Συγκρούονται*

Η παγκόσμια κοινωνική αστάθεια του 2011 παρουσίασε μια σοβαρή πρόκληση. Από την μια πλευρά, η απαίτηση να υπάρχει ένα αξιοπρεπές επίπεδο ζωής για όλους είναι κατανοητό και από την άλλη, οι κυβερνήσεις δεν μπορούν να διαλύσουν τους προϋπολογισμούς τους αν πρέπει να διατηρήσουν λειτουργικές τις οικονομίες τους. Σε μέρες όταν σχεδόν όλος ο κόσμος θα είναι σε βαθιά οικονομική κρίση της οποίας το τέλος δεν θα υπάρχει, όταν αρκετές χώρες θα βρίσκονται σε κίνδυνο άμεσης χρεωκοπίας, θα είναι ανεύθυνο να αυξάνονται οι προϋπολογισμοί οι οποίοι είναι ήδη πολύ ελλειμματικοί. Όμως, οι άνθρωποι απαιτούν κοινωνική δικαιοσύνη, και πολύ σωστά. Τι πρέπει να κάνουν λοιπόν οι κυβερνήσεις;

Πρώτα, είναι σημαντικό να θυμηθούμε, όπως είπε ο Άινστάιν, «Τα σημαντικά προβλήματα που αντιμετωπίζουμε δεν μπορούν να λυθούν στο ίδιο επίπεδο σκέψης που είχαμε όταν τα δημιουργήσαμε».[80]

Ο Boaz Schwartz, CEO της εκπροσώπησης της Deutsche Bank στο Ισραήλ, είπε σε ένα ειδικό κοινό προσκεκλημένο από την Ισραηλινή οικονομική εφημερίδα, Globes, «Δεν πρέπει να υποτιμούμε τα έντονα κοινωνικά συναισθήματα που βλέπουμε. Αυτά τα συναισθήματα θα έχουν τεράστιες επιπτώσεις τα επόμενα χρόνια. Πρέπει να προετοιμαστούμε για έναν κόσμο κοινωνικών αντιλήψεων, με ίδιο εισόδημα, και διαφορετική αγορά τιμών.... Οι χώρες που θα αποτύχουν να προσαρμοστούν θα βρεθούν σε δύσκολη θέση και οι οικονομίες τους θα υποφέρουν».[81]

Πρέπει επίσης να θυμώμαστε μας ότι η οικονομία αντανακλά την φύση των μεταξύ σχέσεων μας, κάτι το οποίο έπειτα «μεταφράζεται» σε χρηματικές σχέσεις. Η μοιρασιά των αγαθών στην κοινωνία και η κοινωνικο-οικονομική ιδεολογία στην βάση τους προέρχονται από τις αξίες στην κοινωνία και από τις σχέσεις ανάμεσα στα μέλη της. Να γιατί η οικονομία δεν είναι νόμος της Φύσης ή μια σκληρή επιστήμη όπως η Φυσική και η Χημεία.

Να γιατί ο Joseph Stiglitz, νικητής του βραβείου Νόμπελ στην οικονομία, είπε στην αρχή της ομιλίας του στην συνάντηση των οικονομικών επιστημόνων της Lindau : «Το τεστ κάθε επιστήμης είναι η πρόβλεψη. Και αν δεν μπορείς να προβλέψεις κάτι τόσο σημαντικό όπως μια παγκόσμια οικονομική κρίση ή του μεγέθους της κρίσης που σήμερα βιώνουμε, εμφανώς κάτι πάει λάθος με το μοντέλο αυτό».[82]

Παρομοίως, ο κυβερνήτης της Τράπεζας του Ισραήλ και πρώην αναπληρωτής διευθυντής του Διεθνούς Νομισματικού

Ταμείου (IMF), Stanley Fischer, είπε σε μια βιντεοσκοπημένη συνέντευξη με τον γνωστό οικονομικό δημοσιογράφο, Steve Liesman, «Είμαστε σε δύσκολη περιοχή. Δεν είναι εδώ όπου τα φοιτητικά βιβλία πέντε έτη πριν θα μας περίμεναν να είμαστε. ... Λειτουργείτε κάτω από ακραίες συνθήκες και τα βιβλία δεν είναι σίγουρα τι να κάνουν σε αυτές τις περιπτώσεις».[83]

Όταν κινηθούμε προς τις κοινωνικές, επικοινωνιακές και εκπαιδευτικές αλλαγές που περιγράψαμε στο προηγούμενο κεφάλαιο, θα είμαστε ικανοί να κατασκευάσουμε μια νέα, συλλογική αντίληψη των οικονομικών, μία που γεννιέται από το κοινωνικό ενδιαφέρον και είναι συγχρονισμένη με τους νόμους του νέου κόσμου. Οι διαδικασίες της λήψης αποφάσεων και η εκτέλεσή τους, η δομή του κοινωνικο-οικονομικού συστήματος, οι συνδετικοί κρίκοι μεταξύ αυτών που λαμβάνουν τις αποφάσεις και αυτών που εκτελούν αυτές τις αποφάσεις θα γίνονται με την αίσθηση της αμοιβαίας διασφάλισης.

Με άλλα λόγια, η σωστή σειρά των λειτουργιών για να εγγυηθεί το ευ ζειν μας αρχίζει με μια εξήγηση της ανάγκης για αμοιβαία διασφάλιση, για παιδεία για να ζήσουμε στο νέο κόσμο. Τα κοινωνικά και οικονομικά συστήματα θα ξαναοριστούν και θα ανακατασκευαστούν βασιζόμενα σε αυτή την ανάγκη. Εν τω μεταξύ, μέχρι να δωθούν οι ορισμοί και να εκτελεστεί η αναδόμηση πρέπει να υπάρξουν συζητήσεις στρογγυλής τραπέζης, όπου όλοι οι συμμετέχοντες έχουν ίση κοινωνική θέση, όπου μαζί θα συμφωνήσουν στο είδος της βοήθειας που οι λιγότερο εύποροι απαιτούν για την βασική τους συντήρηση.

Σε λίγο θα επεξεργαστούμε πως θα κατορθώσουμε αυτήν την συμφωνία μέσω συζητήσεων στρογγυλής τραπέζης, αλλά πρώτα είναι σημαντικό να σημειώσουμε ότι μια τέτοια κατανομή χρημάτων δεν θα είναι επαρκής προς και από τον εαυτόν της για να εξασφαλίσει το ευ ζειν. Το μέλημα για το καλό ευ ζειν των άλλων υπαγορεύει ότι δίνουμε σε όλους τους ανθρώπους την ελάχιστη δυνατότητα για μια αξιοπρεπή ζωή. Αυτοί οι πόροι μαζί με την εκπαίδευση στα προσωπικά οικονομικά, θα μας επιτρέψει να προχωρίσουμε στην διαδικασία θεραπείας της κοινωνίας.

ΦΤΑΝΟΝΤΑΣ ΣΕ ΣΥΜΦΩΝΙΑ

Αντιπρόσωποι από όλες τις ομάδες της κοινωνίας πρέπει να παρευρίσκονται στις συζητήσεις στρογγυλής τραπέζης. Θα έχουν μεγάλη ευθύνη- να λειτουργήσουν ως «κεφαλές» της ανθρώπινης οικογένειας. Χωρίς την αίσθηση ότι όλη η ανθρωπότητα είναι μια οικογένεια, οι αντιπρόσωποι της τραπέζης δεν θα πετύχουν στο να φτάσουν σε δίκαιες αποφάσεις.

Μια άλλη απαραίτητη προυπόθεση για την επιτυχία των συζητήσεων θα είναι η διαφάνεια. Όλες οι σκέψεις πρέπει να μεταδίδονται ζωντανές, συμπεριλαμβάνοντας τις διαμάχες, φιλονεικίες και τις διαδικασίες για την λήψη των δύσκολων αποφάσεων. Όλα πρέπει να ξεδιπλωθούν πριν από τα μάτια ολόκληρου του κόσμου έτσι ώστε να αναδυθεί ένα είδος νέας πραγματικότητας της οποίας οι επιπτώσεις θα επηρεάζουν τον καθένα μας και όλα τα μέλη της ανθρώπινης οικογένειας. Και σαν μια παράσταση, οι θεατές θα έχουν λόγο στις τελικές τους αποφάσεις.

Στην πραγματικότητα, οι θεατές, όλοι μας, θα καθόμαστε στο τραπέζι. Οι άνθρωποι θα πρέπει να αποφασίσουν τις προτεραιότητες. Αυτή θα είναι μια παρατεινόμενη διαδικασία που θα απαιτεί την ενεργή συμμετοχή όλων. Ξεκάθαρα, θα είναι μια εύκολη άσκηση αλλά επειδή ξανακτίζουμε την κοινωνία μας εκ του μηδενός δεν θα υπάρχει άλλος τρόπος. Μόνο όταν συμπεριλάβουμε ολόκληρη την ανθρώπινη οικογένεια στις αποφάσεις μας θα είμαστε ικανοί να θεωρήσουμε τους εαυτούς μας μια αληθινή οικογένεια.

Οι μελέτες δείχνουν ότι όταν κάποιος εμπλέκεται στην διαδικασία των αποφάσεων η συμμετοχή του,της επικαλείται μια θετική, περιθαλπτική συμπεριφορά προς την διαδικασία, όποια απόφαση και να παρθεί. Με άλλα λόγια, ακόμα και όταν η τελική απόφαση ευεργετεί άλλους τομείς της κοινωνίας ,οι άνθρωποι που εμπλάκησαν για την λήψη των αποφάσεων θα την στηρίξουν αν και αρχικά δεν την στήριζαν.[84] Ως εκ τούτου, η αίσθηση ότι οι πολίτες αγνοούνται από τους λήπτες των αποφάσεων και που είναι υπό την πίεση των διάφορων ομάδων, θα αντικατασταθεί με το αίσθημα της αλληλεγγύης και εμπιστοσύνης.

Στην πραγματικότητα, το στυλ της στρογγυλής τραπέζης πρέπει να είναι η μέθοδος δράσης σε όλες μας τις αποφάσεις. Πρέπει να γίνει παραδείγμα διοίκησης της κοινωνίας και του κράτους. Στην πορεία της ζωής μας θα έχουμε συχνές συζητήσεις σχετικά με τα προβλήματά μας, θα τα ζυγίζουμε, θα τα βαθμολογούμε, θα τα βάζουμε σε προτεραιότητα και μαζί θα αποφασίζουμε στο πως θα τα λύσουμε. Η στρογγυλή τράπεζα είναι ένας τέλειος τρόπος για να μας διδάξει πως να γίνουμε μια πραγματική οικογένεια.

Όμως είναι και αυτό σημαντικό. Βλέποντας τους πάντες – σε επίπεδο πόλης, κράτους, ή κόσμου – ως μια οικογένεια δεν σημαίνει ότι πρέπει να παραιτηθούμε των απόψεων μας. Το αντίθετο, όλες οι απόψεις και προσεγγίσεις έχουν αξία. Η αναγνώριση ότι όλοι είμαστε μια οικογένεια υπαγορεύει ότι καταλαβαίνουμε ότι άλλοι με διαφορετικές απόψεις έχουν επίσης μέρος στην οικογένεια. Αλλά ακόμα περισσότερο από αυτό, πρέπει να θεωρούμε τις διαφορετικές απόψεις ως μια σταθερή πηγή εμπλούτευσης. Παρέχουν νέες προοπτικές, νέες προσεγγίσεις στην λύση προβλημάτων, και νέες πληροφορίες που δεν θα γνωρίζαμε αν δεν υπήρχαν απόψεις που είναι διαφορετικές από τις δικές μας.

Υψώνοντας την αξία του δημόσιου καλού θα βοηθήσει τον καθένα μας να εγκαταλείψει τις απόψεις του όταν είναι απαραίτητο. Από την στιγμή που παρουσιάζουμε τις απόψεις μας και μετά αναγνωρίσουμε ότι κάποιου άλλου η άποψη εξυπηρετεί καλύτερα το δημόσιο συμφέρον, θα αποδεκτούμε την άλλη άποψη. Όπως και στην οικογένεια, το συλλογικό συμφέρον προηγείται από όλα τα άλλα.

Πράγματι, γιατί ο κόσμος δεν μπορεί να είναι μια οικογένεια; Αυτό δεν είναι το πραγματικό νόημα της κοινωνικής δικαιοσύνης; Υπάρχει κάποιος άλλος τρόπος για να το κατορθώσουμε και να το διατηρήσουμε;

Το ξεκίνημα αυτής της νέας άποψης του κόσμου προφανώς δεν θα είναι μια εύκολη πορεία. Διαφορές και εμπόδια αναμένονται. Παρόλα ταύτα, βλέποντας την διαδικασία για την απόκτηση αληθινής συναίνεσης, θα μάθουμε ότι μια ανοικτή ομιλία μας επιτρέπει να εργαστούμε τις διαφορές μας και να καταφέρουμε μια ευρεία συμφωνία. Πράγματι, το στρογγυλό τραπέζι δεν είναι απλώς μια έννοια ανοικτής ομιλίας ανάμεσα σε ίσα άτομα. Είναι επίσης μια εκπαιδευτική διαδικασία σε εθνικά και διεθνή επίπεδα πρωτόγνωρου εύρους.

ΤΑ ΟΦΕΛΗ ΤΗΣ ΑΜΟΙΒΑΙΑΣ ΔΙΑΣΦΑΛΙΣΗΣ

Όπως αναφέραμε παραπάνω, ο νέος κόσμος υπαγορεύει να υιοθετήσουμε την προσέγγιση της αμοιβαίας διασφάλισης. Από πρώτη ματιά, η αμοιβαία διασφάλιση μπορεί να φαίνεται σαν μια αφελής έννοια, μη πρακτική στην πραγματική ζωή. Όμως, εφαρμόζοντας την προσέγγιση της αμοιβαίας διασφάλισης έχει πραγματικές θετικές συνέπειες στην κοινωνία και στην οικονομία. Παρακάτω, θα αναφέρουμε τρεις από τις πιο εμφανείς συνέπειες: ένα θετικό κοινωνικό κλίμα, αυξανόμενα πλεονάσματα, και ελάχιστο κόστος ζωής. Θα βρείτε λεπτομερή εξήγηση των ευνοϊκών συνεπειών της οικονομίας της αμοιβαίας διασφάλισης στα παραρτήματα, «Οφέλη της Νέας Οικονομίας».

1. **Ένα θετικό κοινωνικό κλίμα:** Η επαφή μας σε θετικές κοινωνικές αξίες θα δημιουργήσει μια θετική ατμόσφαιρα η οποία είναι απαραίτητη για οποιαδήποτε ανάπτυξη. Ένα νέο πνεύμα θα γεμίσει την ατμόσφαιρα και η καρδιά θα γεμίσει με ελπίδα για ένα φωτεινότερο και καλύτερο μέλλον. Σε μια κοινωνία που ενθαρρύνει τέτοιες αξίες όπως η αλληλεγγύη και η αμοιβαία φροντίδα, σταδιακά θα δημιουργηθεί μεταξύ μας η αίσθηση αληθινής εμπιστοσύνης. Αυτή η αίσθηση δεν εξαρτάται από τα προσωπικά πλούτη αλλά από το να γνωρίζουμε ότι οι άλλοι νοιάζονται για εμάς. Μόνο σε ένα τέτοιο υποστηρικτικό περιβάλλον θα είμαστε ικανοί να σταματήσουμε τον φόβο ότι μας χρησιμοποιούν, ή ότι άλλοι υπάρχουν «για να μας την φέρουν». Όταν ο φόβος και η αγωνία για το μέλλον μας και αυτό των παιδιών μας εκλείψουν, θα είμαστε ικανοί για να αναπτυχθούμε και να ευημερήσουμε.

2. **Αυξάνοντας τα πλεονάσματα:** Η αμοιβαία διασφάλιση θα αυξήσει τα πλεονάσματα. Σκεφτείτε πόσα «πράγματα» έχουμε στο σπίτι που δεν χρειαζόμαστε. Όταν το κάθε άτομο, επιχείρηση, δημαρχιακό συμβούλιο και κυβέρνηση αισθάνονται κομμάτι της συλλογικής «οικογένειας», πελώρια πλεονάσματα θα υπάρξουν σε τρόφιμα, αγαθά και υπηρεσίες. Αυτά μπορούν να μεταφερθούν σε άλλους για χρήση, και τα

χρηματικά πλεονάσματα θα χρησιμοποιηθούν να καλύψουν μερικές τωρινές ανάγκες. Αυτό θα χαλαρώσει πολύ την ανάγκη για την αύξηση του προυπολογισμού ή των φόρων.

Ένα άλλο σημείο είναι ότι οι δήμοι δεν θα κοπιάζουν για την εύρεση χρημάτων διότι η αντίληψη ότι «Έχω θα φροντίσω τον εαυτόν μου διότι κανένας άλλος δεν θα με φροντίσει» θα είναι ξεπερασμένη καθώς όλοι θα αισθάνονται υπεύθυνοι για το ευ ζειν των άλλων. Για αυτό τον λόγο οι δήμοι δεν θα απαιτούν περισσότερα από αυτά που χρειάζονται και δεν θα κρατούν προμήθειες σε «κρυφές γωνιές» του προυπολογισμού μέσω μαγικών λογιστικών. Θα σκέπτονται πως να βοηθήσουν ο ένας τον άλλον έτσι ώστε να δημιουργήσουν άμεσα τεράστια αποθέματα.

3. **Χαμηλώνοντας το κόστος ζωής:** Σήμερα οι τιμές των αγαθών και υπηρεσιών ορίζονται από τις επιχειρήσεις που επιδιώκουν να μεγενθύνουν τα δικά τους κέρδη. Προωθώντας την σημαντικότητα της αμοιβαίας διασφάλισης στον δημόσιο διάλογο θα παρακινήσει αυτές τις επιχειρήσεις να λάβουν περισσότερο υπόψη τους το δημόσιο συμφέρον και αυτό θα οδηγήσει στην πτώση των τιμών για όλα τα αγαθά.

Αν η δημόσια εκτίμηση δεν αποδίδεται σε εκείνους που έκαναν τα περισσότερα χρήματα αλλάεπικεντρωθεί σε εκείνους που προσέφεραν τα περισσότερα στην κοινωνία, φυσικά θα οδηγήσει τις επιχειρήσεις προς καλύτερες, συγκαταβατικές και θετικές κοινωνικές συμπεριφορές.

Σε αυτήν την ιστορία, «Γιατί Κάνοντας το Καλό Είναι Καλό για την Επιχείρηση»,[85] ο Richard McGill Murphy, συνεργάτης του *CNN Money,* ανέφερε την περίπτωση της γιγάντιας φαρμακοβιομηχανίας Pfizer που μοιράζει φάρμακα. Αυτή η ιστορία δείχνει το θετικό αποτέλεσμα που η δημόσια συγκατάθεση ή προειδοποίηση μπορεί να έχει σε μια επιχείρηση. Σύμφωνα με τον McGill Murphy, «Καθώς η ανεργία γλύστρισε στο 10% το περασμένο έτος (2009), ο γίγαντας της φαρμακοβιομηχανίας Pfizer αποφάσισε να κάνει μια καλή πράξη. Για τους πελάτες που είχαν χάσει την εργασία τους κατά την διάρκεια του 2009 και δεν είχαν φαρκακευτική κάλυψη, η Pfizer θα παρείχε 70 από τα πιο γνωστά φάρμακα της .... δωρεάν για ένα έτος. Για μια εταιρία της οποίας η δημοτικότητα έχει υποστεί μερικές καταστροφές, συμπεριλαμβανομένων 2.3 δισεκατομύρια δολάρια σε πρόστιμα το περασμένο έτος για την ακατάλληλη προώθηση φαρμάκων σε γιατρούς, το πρόγραμμα δωρεάν χορήγησης συνταγών άξιζε τον κόπο. «Το κάναμε επειδή νομίσαμε ότι ήταν το σωστό», λέει ο CEO Jeffrey Kindler της Pfizer. «Όμως ήταν ενθαρρυντικό για τους εργαζόμενους μας και είχαμε μεγάλη ανταπόκριση από τους πελάτες μας. Σε βάθος χρόνου θα βοηθήσει την επιχείρησή μας».

Όλα αυτά που ειπώθηκαν ανωτέρω δείχνουν ότι η αμοιβαία διασφάλιση δεν είναι μια αφηρημένη αντίληψη αλλά μια πρακτική έννοια που παράγει ουσιαστικό κέρδος για όλους. Η αμοιβαία διασφάλιση δημιουργεί κοινωνική και οικονομική αξία, και κρατά το κλειδί των προβλημάτων μας σε κοινωνικό, οικονομικό και πολιτικό επίπεδο.

Όταν υπάρχουν στοιχεία για ανισότητα τότε υπάρχει και ανάγκη για κοινωνική δικαιοσύνη. Τα εγώ μας ποτέ δεν θα μας επιτρέψουν να αισθανθούμε κατώτεροι από τους άλλους, να μην μας σέβονται, να υποβαθμιστούμε ή να είμαστε άχρηστοι. Τέτοια δυστυχία δεν μπορεί να επιλυθεί μόνο με τα χρήματα αλλά απαιτεί μια πιο συλλογική και ανθρωπιστική προσέγγιση. Αν δεν μπορούμε να κτίσουμε μια κοινωνία όπου όλοι είναι ισάξια σημαντικοί, όπου όλοι αληθινά ακούμε και φροντίσουμε ο ένας τον άλλον, όπου όλοι αληθινά έχουμε ίσες ευκαιρίες για μια αξιοπρεπή ζωή, η πίκρα από μέσα μας θα εκτιναχτεί όπως τα αιματηρά γεγονότα της «Αραβικής Άνοιξης» έχουν δείξει.

Το μέλλον μας διακιδεύεται και η λύση βρίσκεται στην αλλαγή των κοινωνικών αξιών και στην θεραπεία των μεταξύ σχέσων μας, ή σε προσωπικό επίπεδο, ή μεταξύ πολιτών και πολιτείας. Η προσέγγιση της αμοιβαίας διασφάλισης θα μας οδηγήσει στην αληθινή κοινωνική δικαιοσύνη και για αυτό κρατάει το κλειδί στην επιβίωση και ευπορία μας. Η αμοιβαία διασφάλιση δεν θα μας φέρει μόνο οικονομική ασφάλεια αλλά θα αναστυλώσει την εμπιστοσύνη μας στην ζωή , στο μυαλό μας και την ευτυχία που είναι απούσα για τόσες δεκαετίες από τον κόσμο μας.

Μέρος ΙΙ

Κτίζοντας μια Νέα Κοινωνία- Σημεία προς επισήμανση

Ανακεφαλαίωση και νέες προοπτικές για τις αρχές που παρουσιάστηκαν στο πρώτο μέρος

ΚΡΙΣΗ ΚΑΙ ΕΥΚΑΙΡΙΑ

ΝΕΟΙ ΝΟΜΟΙ

Φανταστείτε τον εαυτό σας να οδηγεί και ξαφνικά το αυτοκίνητό σας αρχίζει να βουλώνει και να τρεμουλιάζει. Κατ'αρχάς, είναι μόνο ένα σύστημα που καταρρέει, όμως αργότερα άλλα περισσότερα ακολουθούν. Δεν είναι που το αυτοκίνητο έχει ολοκληρωτικά καταρρεύσει. Τα βασικά συστήματα, όπως η μηχανή και τα φρένα ακόμα λειτουργούν. Όμως τα φώτα ανοιγοκλείνουν περιοδικά, και κάθε λίγο και λιγάκι το αυτοκίνητο κουνιέται μέχρι να ακινητοποιηθεί. Έπειτα, από θαύμα, η μηχανή που κατέρρευσε ξεκινάει.

Ναι, ακόμα κινείστε αλλά οι πιθανότητες δεν είναι καλές ότι θα συνεχίσετε να κινείστε για πολύ. Αν αυτό συνέβαινε σε εσάς τι θα κάνατε;

Κατά πολύ με τον ίδιο τρόπο, ολόκληρος ο κόσμος μας σταδιακά γίνεται δυσλειτουργικός. Υπάρχουν πολλές καταρρεύσεις παντού αλλά ακόμα συνεχίζουμε παιχνιδιάρικα προς τα εμπρός άσχετα από τις προειδοποιήσεις των ειδικών. Μας λένε ότι στην παρούσα κατάσταση, πρέπει να γίνει γενική επισκευή ή ολόκληρος ο ανθρώπινος μηχανισμός θα έρθει σε πλήρη ακινησία με ένα μεγάλο κόστος. Αν η οικονομία συνεχίσει να καταρρέει, τα 50 εκατομύρια Αμερικανοί που ζουν με κουπόνια θα πολλαπλασιαστούν κατά πολύ, και πολλοί άλλοι θα υποφέρουν από πραγματική πείνα σε όλο τον κόσμο και όχι μόνο στις φτωχές χώρες του σήμερα.

Η κρίση που τραντάζει τον κόσμο είναι ο τρόπος της πραγματικότητας να μας ενημερώσει ότι δεν πορευόμαστε σωστά. Έχουμε κτίσει ένα σύστημα τραπεζών, επιχειρήσεων και διεθνών σχέσεων που έχουν ξεφύγει από τον έλεγχό μας. Μαθαίνουμε ότι οι ένθετες Κεϋνσιανές αρχές του ατομικού ενδιαφέροντος και αόρατου χειρός δεν διατηρούν τον εγωισμό μας υπό έλεγχο. Σαν ένα απλωμένο καρκίνο, καταστρέφουμε τον πλανήτη μας όπως και την κοινωνία μας.

ΠΟΥΘΕΝΑ ΓΙΑ ΝΑ ΤΡΕΞΟΥΜΕ

Σε μια παγκόσμια οικονομική κρίση κάθε χώρα σκέπτεται, «Πόσο καλά θα ήταν αν θα μπορούσαμε να ξεχωρίσουμε τον εαυτό μας από τον υπόλοιπο κόσμο, να έχουμε όλα τα απαραίτητα για την διατήρηση των πολιτών μας, και να είμαστε πλήρως επαρκείς όπως ακριβώς ήμασταν εκατό και πλέον χρόνια; Γιατί δεν γυρίζουμε πίσω τον τροχό, να τοποθετήσουμε υψηλές τιμές για να εμποδίσουμε τις εισαγωγές, να εμπορευτούμε με άλλες χώρες μόνο εκεί που είμαστε ικανοί για την συντήρησή μας, και να παγώσουμε όλους τους επιχειρησιακούς συναιτερισμούς με τις εταιρίες του εξωτερικού; Ναι, το επίπεδο ζωής ίσως πέσει αλλά θα είμαστε λιγότερο εξαρτώμενοι από άλλους».

Δεν κατανοούμε ότι δεν υπάρχει δρόμος πίσω από την παγκοσμιοποίηση. Δεν μπορούμε πια να χωριστούμε από τον υπόλοιπο κόσμο. Η παγκοσμιοποίηση και η αλληλοεξάρτηση ήρθαν για να μείνουν. Αποκόπτωντας τον εαυτό μας θα ήταν σα να κόβουμε ένα όργανο από ένα ζωντανό οργανισμό για να σωθούμε από μια ασθένεια που έχει προσβάλει τον υπόλοιπο οργανισμό. Αν κόψετε το χέρι σας, θα επιζούσε χωρίς το σώμα από το οποίο προήλθε;

Η ΑΝΤΑΝΑΚΛΑΣΗ

Με μια πρώτη ματιά η αμοιβαία διασφάλιση ίσως να φαίνεται μια ουτοπία, πολύ αφελής αντίληψη για να λειτουργήσει στον εγωκεντρικό μας κόσμο. Όμως στην πραγματικότητα η ζωή μας ωθεί να την υιοθετήσουμε!

Σε όλη την ιστορία έχουμε προχωρήσει λειτουργώντας με εσωτερικά κίνητρα που ξεπήδησαν από μέσα μας. Αισθανθήκαμε σταθερά την ανάγκη να κάνουμε κάτι για να αλλάξουμε την κοινωνική μας θέση. Κάναμε πολέμους, πολεμήσαμε σε επαναστάσεις, και επαναστατήσαμε. Έχουμε προοδεύσει και αναπτυχθεί μέσω συγκρούσεων και αγώνων αλλά το τίμημα που πληρώσαμε είναι η καταστροφή.

Σήμερα, ως αλληλοεξαρτόμενοι, οι πόλεμοι και οι αγώνες δεν θα μας λύσουν τα προβλήματα . Η κτηνώδης δύναμη δεν μπορεί να διορθώσει τον κόσμο. Ένας συνδεδεμένος κόσμος δεν μπορεί να κυβερνηθεί από ένα εγωιστικό πρότυπο διαδιδόμενο από καταπιεστική και αναγκαστική κυβερνία. Ο κανόνας είναι απλός: Αν είμαστε αλληλοεξαρτόμενοι, τότε οτιδήποτε κάνει κάποιος στους άλλους επιστρέφει σαν μπούμερανγκ στον ίδιο ξαφνικά και δυναμικά. Αν κατανοήσουμε ότι όλα τα συνδεδεμένα συστήματα λειτουργούν με αυτόν τον τρόπο θα επιτύχουμε.

ΕΠΙΤΑΧΥΝΟΝΤΑΣ

Ο χρόνος φαίνεται να πιέζει. Στον 20ό αιώνα, η ανθρωπότητα βίωσε περισσότερα από ότι είχε όλη η ανθρώπινη ιστορία πριν. Ο 21ος αιώνας ξεκίνησε μόλις πρόσφατα και ήδη πολλά έχουν συμβεί.

Ζούμε σε γρήγορες εποχές και ο ρυθμός της ζωής επιταχύνεται συνεχώς. Ενώ θα υπάρχουν πιο ταραχώδεις ή λιγότερο ταραχώδεις εποχές, η τάση είναι αλάνθαστη. Ο ρυθμός της αλλαγής είναι εμφανής παντού – αλλάζουμε δουλιές πιο συχνά (δεδομένου ότι έχουμε μία), αλλάζουμε τις συζύγους πιο συχνά (δεδομένου ότι έχουμε μία), και αλλάζουμε τα σπίτια μας πιο συχνά(πάλι, δεδομένου ότι έχουμε ένα).

Όμως εκεί όπου ο ρυθμός της αλλαγής είναι πιο εμφανής είναι στην τεχνολογία. Κοιτάξτε το κινητό σας και κάντε σύγκριση με τα τηλέφωνα που χρησιμοποιούσαμε μόνο 40 χρόνια πριν. Αν σκεφτείτε ότι το μέσο κινητό του σήμερα είναι χιλιάδες φορές πιο δυναμικό από τον υπολογιστή του Apollo 11 – το οποίο προσγείωσε το διαστημόπλοιο στο φεγγάρι – είναι εύκολο να δούμε πόσο γρήγορα και ριζοσπαστικά αλλάζουμε.

ΜΙΑ ΚΟΙΝΗ ΛΥΣΗ

Οι πολλαπλές κρίσεις που αντιμετωπίζει η ανθρωπότητα δείχνουν ότι χρειαζόμαστε να έχουμε για συλλογική προσέγγιση για να τις λύσουμε. Σε έναν αλληλοσυνδεόμενο κόσμο, δεν υπάρχει υπάρχει κανένα τοπικό πρόβλημα. Η ανάγκη για λύσεις που ευνοούν όλη την ανθρωπότητα θα απαιτήσει σταθερή προσεκτική εξέταση ανάμεσα στους ισότιμους αντιπροσώπους όλων των χωρών. Η κάθε πλευρά θα παρουσιάσει τα προβλήματα που θεωρεί επείγοντα, και έπειτα το κάθε πρόβλημα θα ζυγιστεί για να δουν με πια σειρά θα πρέπει να προχωρήσει για λύση. Μόνο μέσω προσεκτικής εξέτασης στο πνεύμα της σύνδεσής μας στον παγκόσμιο ιστό θα βρούμε τον σωστό τρόπο για την επίλυση αυτών των προβλημάτων. Η εναλλακτική λύση στην προσεκτική εξέταση είναι πολύ λιγότερο ελκυστική – ο πόλεμος.

ΓΙΑΤΙ ΔΕΣΜΟΣ;

Πολλοί ειδικοί ήδη κατανοούν ότι είναι αδύνατον για την οποιαδήποτε χώρα να ξεπεράσει την παγκόσμια κρίση μόνη της. Όμως, η πορεία της εξέλιξης στην Φύση, όπως εξηγήθηκε στο κεφάλαιο 2, φέρνει μια άλλη σκέψη: η συνεργασία πρέπει να επιτευχτεί όχι μόνο διότι καμία χώρα δεν μπορεί να λύσει την κρίση μόνη της αλλά επειδή αυτή είναι η πορεία όλης της εξέλιξης. Αυτή η παγκόσμια κρίση είναι μια ευκαιρία για εμάς να την εξερευνήσουμε και να ενωθούμε σε έναν μοναδικό οργανισμό, ακριβώς όπως φυσικά κάνει όλη η Φύση.

ΦΥΣΙΚΗ ΑΝΑΠΤΥΞΗ

Η ΦΥΣΗ ΔΕΝ ΑΝΕΧΕΤΑΙ ΝΙΣΟΡΡΟΠΙΑ

Η φύση δεν ανέχεται ανισορροπία. Η θερμότητα κινείται από θερμότερα στα πιο κρύα για να ισορροπήσει την θερμοκρασία. Η ατμοσφαιρική πίεση ισορροπείται από τον άνεμο. Το νερό ρέει προς τα χαμηλότερα επίπεδα έως ότου ισορροπίσει το υψηλό επίπεδο από το οποίο ρέει. Σε κάθε μέρος, σε κάθε φαινόμενο, η Φύση αγωνίζεται για ισορροπία.

    Ένα άλλο παράδειγμα είναι ο μηχανισμός ελέγχου της θερμοκρασίας του σώματός μας: Οι δέκτες της θερμοκρασίας διαχύονται σε ολόκληρο το ανθρώπινο σώμα και ανανεώνουν το κέντρο διαδικασίας πληροφοριών στον εγκέφαλο (Υποθάλαμος) με κάθε αλλαγή στο γύρω περιβάλλον. Ο εγκέφαλος μετά στέλνει διαταγές στους επηρεαστές όπως για παράδειγμα στους αδένες για τον ιδρώτα και στους μυς, οι οποίοι εκκρίνουν ιδρώτα, συστέλλονται, ή τρεμουλιάζουν, για να κρατήσουν σταθερή την θερμοκρασία του σώματος. Με αυτόν τον τρόπο, το σώμα ισορροπεί την θερμότητα που το ίδιο έχει ενεργοποιήσει με την θερμότητα που χάνει, διατηρώντας την θερμοκρασία του σώματος στους 37° C (98.6F).

Η προσταγή της Φύσης να φέρει τα πάντα σε ισορροπία αρχίζει να επηρεάζει την ανθρωπότητα. Η αστάθια και οι διαμαρτυρίες που βλέπουμε σε όλον τον κόσμο είναι εκφράσεις της ανάγκης μας για ισορροπία στο ανθρώπινο επίπεδο. Ενώ είμαστε όλοι διαφορετικοί ως άτομα, το κριτήριο για ισορροπία είναι το ίδιο για όλους μας. Πρέπει να στηρίξουμε ο ένας τον άλλον, δεν υπάρχει άλλος τρόπος. Το θέλουμε ή όχι, η Φύση θα κερδίσει και εμείς θα πρέπει να συμβιβαστούμε. Το μόνο ερώτημα είναι με πιο κόστος.

ΤΑ ΟΦΕΛΗ ΤΗΣ ΕΝΟΤΗΤΑΣ

Σήμερα, οτιδήποτε κάνουμε απαιτεί ενέργεια και προσπάθεια εκ μέρους μας. Αν είμαστε σε ισορροπία, δεν χρειάζεται να κάνουμε καμία προσπάθεια για να αποκτήσουμε οτιδήποτε. Αντιθέτως, είμαστε σε κατάσταση ηρεμίας, σε όποιο μέρος και να πάμε, οι πάντες είναι έτοιμοι να μας βοηθήσουν με ότι χρειαστούμε. Με την σειρά μας, είμαστε έτοιμοι να ανταποδώσουμε. Τα πάντα ρέουν ομαλά, σπαταλούμε ελάχιστη ενέργεια και αντιμετωπίζουμε πολύ λιγότερα εμπόδια.

Σε κάθε βασίλειο της ζωής, η κατάσταση της ισορροπίας διώχνει την κάθε αντίσταση. Αυτό ισχύει στις ενδοπροσωπικές σχέσεις, καθώς και σε οτιδήποτε παράγουμε από την Φύση. Μέσω της ενότητας ανάμεσά μας θα φέρουμε όλη την Φύση σε συλλογική ισορροπία και δεν θα μας λείπει τίποτα. Θα υπάρχει αφθονία παντού.

Η ΠΑΓΚΟΣΜΙΑ ΠΕΙΝΑ ΔΕΝ ΕΙΝΑΙ ΥΠΟΧΡΕΩΤΙΚΗ

Ο πλανήτης μας μπορεί να ταίσει πολλούς περισσότερους ανθρώπους από τον υπάρχοντα πληθυσμό, δεδομένου ότι δεν εμπλεκόμαστε με τη Φύση και δεδομένου ότι ενωνώμαστε σαν όργανα σε ένα μοναδικό οργανισμό.

ΜΕΓΑΛΥΤΕΡΟ ΑΠΟ ΤΑ ΠΑΙΧΝΙΔΙΑ

Το επόμενο βήμα στην εξέλιξη δεν είναι ένα καινούργιο είδος(αν και αυτό, επίσης, μπορεί να συμβεί). Το σημαντικό νέο βήμα της εξέλιξης είναι η αλλαγή στην ανθρώπινη συνείδηση. Σε αυτήν την διαδικασία πρέπει σταδιακά να αναπτύξουμε την αντίληψή μας και την κατανόηση μας. Πρέπει να κτίσουμε τον μηχανισμό ανάλυση – σύνθεση της πραγματικότητας. Πρέπει να υπολογίσουμε πως λειτουργεί ο πλανήτης, ποιοί είμαστε, και πια πρέπει να είναι η προσέγγισή μας στην ζωή. Ζούμε σε ξεχωριστές εποχές. Αν πετύχουμε ανοίγοντας τα μάτια μας, μαλακώνοντας τις καρδιές μας, και επεκτείνοντας την αντίληψή μας, θα είμαστε ικανοί να κινηθούμε μέσω αυτού του βήματος γρήγορα, εύκολακαι με επιτυχία.

ΚΟΙΝΩΝΙΚΗ ΑΛΛΗΛΕΓΓΥΗ

ΓΙΑΤΙ ΑΥΤΟΙ ΑΝΤΙ ΓΙΑ ΜΕΝΑ;

Εκτός από τη απαίτηση για καλύτερη κατανομή του πλούτου, οι άνθρωποι αισθάνονται πικραμένοι για τις οποιεσδήποτε ανισότητες, συμπεριλαμβανομένων και την έλλειψη ίσων ευκαιριών. Όμως, η αλήθεια είναι ότι καμία δίκαιη κατανομή του πλούτου δεν θα βοηθήσει μέχρι να αναπτύξουμε την κοινωνική ευσεινηδησία που υποστηρίζει την αμοιβαία διασφάλιση. Ευνοώντας έναν τομέα του πληθυσμού εις βάρος ενός άλλου θα πυροδοτήσει θυμό και πικρία ανάμεσα στις ομάδες. Χωρίς την αντίληψη της αμοιβαίας διασφάλισης οι άνθρωποι που δεν θα τύχουν οποιασδήποτε εύνοιας πάντα θα αισθάνονται δυσαρέσκεια και πάντα θα ρωτούν τους εαυτούς τους, «Γιατί αυτοί και όχι εγώ;»

ΤΙ ΕΙΝΑΙ Η ΑΜΟΙΒΑΙΑ ΔΙΑΣΦΑΛΙΣΗ;

Η αμοιβαία διασφάλιση είναι η ανταποδοτική διασύνδεση που απαιτεί να λάβουμε υπόψιν μας τους πάντες σαν να ήταν οι κοντινοί μας συγγενείς. Ίσως να το βρούμε δύσκολο να πιστέψουμε ότι είναι εφικτό αλλά η εξέλιξη της ανθρώπινης κοινωνίας θα μας οδηγήσει σε μια κατάσταση όπου θα αισθανόμαστε ολόκληρο τον κόσμο μέσα μας όπως ακριβώς αισθανόμαστε και με τους συγγενείς μας. Θα αισθανθούμε ποιος ανάμεσα στους συγγενείς μας χρειάζεται βοήθεια και τι είδους – ασχέτως αν η ανάγκη αφορά ηλικιωμένους γονείς, μικρά παιδιά, απρόβλεπτα έξοδα, αρρώστια, κλπ.. Φυσικά, σύμφωνα με το επείγον της υπόθεσης βάζουμε προτεραιότητες στις οικογενειακές μας ανάγκες. Θα αγνοούσαμε τον ασθενή παππού; Όχι αν είμαστε μια κανονική οικογένεια. Η αίσθηση της δέσμευσης, της αμοιβαίας διασφάλισης, μας ωθεί να είμαστε έτσι. Έτσι πρέπει να προσεγγίσουμε τις σχέσεις μας με την υπόλοιπη ανθρωπότητα.

ΤΙ ΕΙΝΑΙ ΙΣΟΤΗΤΑ;

Ισότητα είναι η κατάσταση στην οποία ο καθένας μας έχει τις ίδιες ευκαιρίες και προσωπικές δυνατότητες για δημιουργική ατομική έκφραση σε ένα συλλογικό σύστημα – το δούναι και λαβείν, να είναι ισορροπημένα με ολόκληρη την ανθρωπότητα. Για παράδειγμα, η καρδιά είναι ίση με τα πνευμόνια. Τα πνευμόνια είναι ίσα με το συκώτι, το συκώτι είναι ίσο με τα νεφρά, τα οποία είναι ίσα με τα πόδια, τα οποία είναι ίσα με τα χέρια....

Σε τι είναι ίσα; Όλα λειτουργούν με ανταπόδοση για το όφελος του σώματος. Όμως, κάθε μέρος του σώματος εστιάζεται σε διαφορετικές λειτουργίες που απαιτούνται για την καλή κατάσταση ολόκληρου του σώματος. Αυτό είναι που μας κρατά (τον οργανισμό) ζωντανούς και υγιείς.

Παρομοίως, αν ένα άτομο ανήκει σε ένα μέρος της ανθρωπότητας, δεν τον, την κάνει λιγότερο άξιο από ένα άλλο άτομο σε ένα άλλο μέρος. Για να παραφράσουμε, ίσως να ανήκω στην «καρδιά» της ανθρωπότητας και κάποιος άλλος να ανήκει στο «μυαλό» της ανθρωπότητας, ή στο «συκώτι». Αυτές είναι καταστάσεις στις οποίες γεννηθήκαμε και έχουν προσδιοριστεί για εμάς. Αλλά για να διατηρήσουμε την υγεία και το ευ ζειν της ανθρωπότητας πρέπει να δουλέψουμε μαζί ως ίσοι *όπου έχουμε τοποθετηθεί*, και όχι να θεωρούμε τους εαυτούς μας ανώτερους ή κατώτερους διότι τοποθετηθήκαμε σε ένα μέρος και όχι σε άλλο.

Όλοι γεννηθήκαμε σε διαφορετικές οικογένειες, με διαφορετικά γονίδια και διαφορετική ανατροφή. Οι απόψεις μας για τον κόσμο μπορεί να είναι διαφορετικές και ίσως να αισθανόμαστε διαφορετικοί ο ένας από τον άλλο. Αλλά αν ο καθένας μας αισθάνεται ότι βρίσκεται σε αρμονία με τους άλλους τότε θα κατορθώσουμε την ισότητα.

Ο ΜΕΤΑΦΟΡΕΑΣ, ΟΛΗΡΟΦΟΡΙΚΑΡΙΟΣ ΚΑΙ ΙΣΟΤΗΤΑ

Ας υποθέσουμε ότι έχουμε δυο ανθρώπους: ο ένας είναι 2 μέτρα ψηλός και ογκώδης και δουλεύει 12 ώρες την ημέρα, και ο άλλος είναι 1,55 μέτρα, αδύνατος και ειδικός στους υπολογιστές. Ο μεταφορέας δουλεύει για 15$ την ώρα συν φιλοδωρήματα, και ο πληροφορικάριος, του οποίου τα έπιπλα μεταφέρει σήμερα, κάνει 150$ την ώρα, συν τα έξτρα. Είναι αυτό δίκαιο;
Του ενός του δόθηκε δύναμη, του άλλου του δόθηκε μυαλό. Και οι δυο χρησιμοποιούν ότι τους δόθηκε από την Φύση με

ίση επιμέλεια. Τότε γιατί λοιπόν ο ένας πρέπει να κάνει περισσότερα χρήματα από τον άλλον; Και οι δυο συνεισφέρουν ότι μπορούν και ότι είναι το καλύτερο για την κοινωνία, έτσι στην συνεισφορά τους, είναι ίσοι. Γιατί αυτό δεν ισχύει στις αμοιβές τους;

Ας αλλάξουμε λίγο την περιγραφή. Τι θα γινόταν αν ο μεταφορέας και ο ευφυής πληροφορικάριος ήταν αδέλφια; Θα ήταν ακόμα ο ευφυής αδιάφορος για την οικονομική δυσπραγία του αδελφού του; Και ακόμα καλύτερα, αν ο ευφυής ήταν πατέρας του μεταφορέα; Θα άφηνε τον γιό του να πεινάσει ή πτωχό μόνο και μόνο επειδή δεν πήρε τα μυαλά του πατέρα του αλλά μόνο μια σωματώδη φυσική κατάσταση;

Σήμερα, η αντίληψη ότι όλοι είμαστε ίσοι όταν καταβάλουμε ίσες προσπάθειες, είναι το μόνο που μπορεί να κρατήσει την κοινωνία σε επαφή. Ο δρόμος για αυτήν την αντίληψη επιτυγχάνεται επανεκπαιδεύοντας τους εαυτούς μας μέχρι να αφομοιώσουμε την πραγματικότητα ότι όλοι είμαστε συγγενείς. Από την στιγμή που τοποθετήσουμε την αμοιβαία διασφάλιση στην κορυφή των προτεραιοτήτων μας, θα ανακαλύψουμε ότι ο κόσμος έχει γίνει ξαφνικά ένα μέρος όπου η ζωή μπορεί να είναι αληθινά εύκολη και ευχάριστη.

ΜΙΑ ΝΕΑ ΚΟΙΝΩΝΙΚΗ ΣΚΑΛΑ

Τι μπορεί να μας κάνει φυσικά εγωκεντρικούς ανθρώπους που να βάζουμε το όφελος της κοινωνίας πάνω από το δικό μας; Μόνο η επιρροή από το περιβάλλον! Ως εκ τούτου, πρέπει να αλλάξουμε τις κοινωνικές μας αξίες έτσι ώστε οι άνθρωποι να εκτιμηθούν για την προσφορά τους στην κοινωνία και όχι σύμφωνα με το μέγεθος των τραπεζικών τους λογαριασμών. Πότε θα είναι καλή η ζωή στον πλανήτη μας; Θα συμβεί όταν δεν θα σκεπτόμαστε τους εαυτούς μας πρώτα αλλά όλους τους άλλους πρώτα.

Παραρτήματα

ΠΡΟΗΓΟΥΜΕΝΕΣ ΕΚΔΟΣΕΙΣ ΑΠΟ ΤΟ ΙΝΣΤΙΤΟΥΤΟ ΑΡΙ

ΕΜΕΙΣ, ΕΜΕΙΣ, ΕΜΕΙΣ

Το ότι είμαστε στη μέση μιας «παγκόσμιας κρίσης» δεν είναι πια ένα ερώτημα. Επειδή υπάρχουν επίσης άφθονα στοιχεία ότι ο όρος «παγκοσμιοποίηση» καλύπτει αρκετά περισσότερο την σχέση μεταξύ των παγκόσμιων οικονομικών αγορών, ένα πιο ακριβές νόημα του όρου πρέπει να αφορά την αλληλοσυνδεδεμένη φύση της κοινωνίας ως ένα σύνολο. Είμαστε «παγκόσμιοι» όχι μόνο στην οικονομική αντίληψη, αλλά επίσης, αν όχι αρχικά, στην κοινωνική ή στην συναισθηματική αντίληψη. Τα συναισθήματά μας επηρεάζουν εκείνα των άλλων ανθρώπων τόσο έντονα που μπορούν να αρχίσουν να εξαπλώνονται από χώρα σε χώρα, περνώντας από ένα σημαντικό σημείο στο επόμενο μέσω των συνδέσμων που ενώνουν τον Παγκόσμιο Ιστό.

Η «Αραβική Άνοιξη» έχει εξαπλωθεί πέρα από τον Αραβικό κόσμο. Σε κάθε χώρα, τα αίτια και οι διαμαρτυρίες των διαδηλώσεων έχουν μια διαφορετική «αμφίεση». Στην Αίγυπτο, οι μαζικές διαδηλώσεις έριξαν την κυβέρνηση. Στην Συρία, η ηρωική αντίσταση των ανθρώπων αντιμέτωπη με το μακελλειό είναι μια μαρτυρία στην βαθειά πνευματική αλλαγή που έχει αναδυθεί. Οι πολίτες απλώς δεν μπορούν να ανεχτούν την τυραννία άλλο.

Στο Ισραήλ, οι διαδηλώσεις είναι ειρηνικές αλλά πρωτοφανούς εμβέλειας. Στην διαδήλωση που έλαβε χώρα την 6 Αυγούστου του 2011, 300000 άνθρωποι συμμετείχαν, περίπου ένας στους 22 Ισραηλινούς. Αν ένας στους 22 Αμερικανούς λάμβανε μέρος σε μια διαδήλωση, θα απαιτείτο χώρος περίπου για 14 εκατομύρια ανθρώπους.

Στην Ισπανία, οι σκηνές των διαδηλωτών σκέκονται για μήνες, χωρίς μια λύση και χωρίς διάλυση των ιδιοκτητών των σκηνών. Στο Ηνωμένο Βασίλειο, βίαιες εξεγέρσεις έχουν εκραγεί που φαίνεται να έχουν προβληματίσει τον Πρωθυπουργό David Cameron, που πιάστηκε στον ύπνο να κάνει διακοπές στην Ιταλία. Η Χιλή τώρα είναι στον χάρτη των διαδηλώσεων με βίαιες φοιτητικές διαδηλώσεις. Σύμφωνα με αναφορά του CNN,[86] τον Αύγουστο του 2011, «Περισσότεροι από 60000 (φοιτητές) διαδηλωτές διαμαρτυρήθηκαν στο Σαντιάγκο».

Η Υεμένη, η Λιβύη, και αρκετές άλλες χώρες είναι ή στην λίστα των χωρών όπου η ανησυχία έχει εκραγεί, ή είναι έτοιμες να συμμετέχουν στις εξεγέρσεις.

Όταν αναλύσουμε τις κρίσεις σε κάθε χώρα, είναι εύκολο να δούμε ότι οι κοινωνικές, οικονομικές και πολιτικές αδικίες είναι έντονες σε όλες τις χώρες. Όμως, αυτά τα λάθη δεν είναι τίποτα καινούργιο. Έχουν αρρωστήσει όλο το ανθρώπινο είδος για χιλιάδες χρόνια. Γιατί, τότε, όλοι διαμαρτύρονται ειδικά τώρα, και γιατί όλοι διαμαρτύρονται *την ίδια χρονική περίοδο;* Οι απαντήσεις βρίσκονται στην δομή και στην εξέλιξη της ανθρώπινης φύσης. Όπως οι Jean M. Twenge και W. Keith Campbell όμορφα έδειξαν στο βιβλίο *Η Ναρκισσιστική Επιδημία: Ζώντας στην εποχή των τίτλων* (Free Press, 2009), οι άνθρωποι σήμερα δεν είναι μόνο ναρκισσιστικοί και εγωκεντρικοί, αλλά γίνονται όλο και περισσότερο με ανησυχητικό ρυθμό.

Ως ναρκισσιστές, βάζουμε τους εαυτούς μας στο κέντρο των πάντων, και «βαθμολογούμε» τους πάντες σύμφωνα με τα οφέλη που μας προσφέρουν. Συνδεόμαστε με τον κόσμο μέσω της αυτοπροβολής.. Όμως, έτσι είναι ακριβώς το πως δεν πρέπει να λειτουργούμε αν είναι να πετύχουμε στην εποχή της παγκοσμιοποίησης όταν ο κόσμος είναι αλληλένδετος και αλληλοεξαρτώμενος. Για να πετύχουμε, πρέπει να θέλουμε να ωφελήσουμε εκείνους με τους οποίους είμαστε συνδεδεμένοι τόσο όσο επιθυμούμε να ωφελήσουμε τους εαυτούς μας. Αν είμαστε συνδεδεμένοι και εξαρτώμενοι ο ένας με τον άλλο, τότε αν είναι ευτυχισμένοι οι άλλοι, τότε θα είμαστε και εμείς. Και αν άλλοι είναι δυστυχισμένοι, εμείς, επίσης, θα είμαστε δυστυχισμένοι, όπως έδειξαν οι Nickolas A. Christakis, MD, PhD, και ο James H. Fowler, PhD, στο βιβλίο Συνδεδεμένοι: Η Εκπληκτική Δύναμη των Κοινωνικών μας Δικτύων και Πως Διαμορφώνουν τις Ζωές Μας – Πως Των Φίλων σου Οι Φίλοι των Φίλων Επηρεάζουν Οτιδήποτε Αισθάνεσαι, Σκέπτεσαι, και Κάνεις.

Ως εκ τούτου, η λύση βρίσκεται στην αλλαγή της άποψής μας από την αυτο-προβολή στην κοινωνικο-προβολή, βάζοντας την κοινωνία πρώτα και τα εγώ μας μετά, έτσι ώστε τελικώς να ωφελήσουμε τους εαυτούς μας.

Με πρακτικούς όρους, αυτή η λύση απαιτεί τρεις στόχους:

1. Δίνοντας εγγύηση για τις αναγκαίες παροχές σε κάθε μέλος της κοινωνίας.
2. Δίνοντας εγγύηση για την συνέχιση εκείνων των παροχών αποτυπώνοντας θετικές κοινωνικές αξίες στην κοινωνία χρησιμοποιώντας τα ΜΜΕ και το διαδίκτυο στα κοινωνικά δίκτυα.
3. Χρησιμοποιώντας την θετική κοινωνική μας εργασία για καλυτέρευση του εαυτού έτσι ώστε να μπορούμε να κατανοήσουμε την δυναμική που βρίσκεται στον καθένα μας.

Για να κατορθώσουμε τον **Στόχο 1,** μία διεθνής επιτροπή από πολιτικούς, οικονομολόγους, και κοινωνιολόγους που εκπροσωπούν όλες τις χώρες, πρέπει να δημιουργηθεί για να καταστρώσει ένα σχέδιο για την οικοδόμηση μιας δίκαιας και επαρκούς οικονομίας. Σημειώστε ότι ο όρος «δίκαιας» δεν αναφέρεται στην ίση κατανομή των πόρων ή πηγών (φυσικών και ανθρώπινων). Αντιθέτως, σε μια δίκαια οικονομία κανένας στην γη δεν αφήνεται χωρίς φροντίδα. Έτσι, ένα πεινασμένο παιδί στην Κένυα ίσως να μην χρειάζεται το τελευταίο μοντέλο του iPhone, αλλά αναμφίβολα έχει δικαίωμα για την κατάλληλη διατροφή του, μια στέγη πάνω από το κεφάλι του, κατάλληλη παιδεία και ιατρική περίθαλψη.

Αντιστρόφως, ένα παιδί σε παρόμοια ηλικία στην Νορβηγία μπορεί να έχει το τελευταίο μοντέλο iPhone, αλλά ακόμα αισθάνεται δυστυχές σε σημείο να αυτοκτονεί, ή ακόμα χειρότερα, να πέρνει την ζωή των άλλων, όπως πρόσφατα γεγονότα σε αυτήν την χώρα έχουν δείξει. [87]Η απελπισία και στις δυο περιπτώσεις είναι διαφορετική αλλά το ίδιο σοβαρή όμωςκαι οι δύο πρέπει να αναφερθούν από την επιτροπή, έχοντας στο μυαλό ότι, όπως ο Νομπελίστας και αρθρογράφος στις *New York Times,* Paul Krugman, είπε, «Είμαστε όλοι στην ίδια βάρκα».

Για τον **Στόχο 2** απαιτείται αλλαγή στον τρόπο σκέψης. Αφού τα ΜΜΕ προσδιορίζουν την πολιτική αντζέντα, είναι τα ΜΜΕ που πρέπει να ηγηθούν για την εξάλιψη του εγωκεντρισμού. Αντί της τωρινής «Εμένα, εμένα, εμένα», συμπεριφοράς, καλλιεργημένη από τα ΜΜΕ τις τελευταίες αρκετές δεκαετίες, τα νέα μοτίβα πρέπει να είναι «Εμείς, εμείς, εμείς», «αμοιβαία διασφάλιση», και «ένας για όλους και όλοι για έναν». Αν τα ΜΜΕ περιγράψουν τα οφέλη της αμοιβαίας διασφάλισης και τις αρνητικές επιρροές της ναρκισσιστικής προσέγγισης, φυσικά θα εστιαστούμε προς την μοιρασιά και την φροντίδα με τους άλλους από το να υποπτευόμαστε και να απομονώνουμε τους εαυτούς μας.Αν οι διαφημήσεις, οικονομικές και ψυχαγωγικές πληροφορίες αρχίσουν να δείχνουν σεβασμό προς τα άτομα δότες, όλοι μας θα αρχίσουμε να θέλουμε να δίνουμε, όπως σήμερα όταν τα ΜΜΕ δείχνουν σεβασμό στους δυνατούς και πλούσιους, θέλουμε να γίνουμε πλούσιοι και δυνατοί παρομοίως.

Μια τέτοια αντίληψη θα εγγυηθεί ότι η κοινωνία μας παραμένει δίκαιη και συμπονετική προς όλους τους ανθρώπους, και την ίδια στιγμή ότι όλοι οι άνθρωποι *πρόθυμα* προσφέρουν σε αυτήν την κοινωνία. Επιπροσθέτως, πολλές υπηρεσίες περιφρούρησης των νόμων, όπως η αστυνομία, ο στρατός, και οικονομικοί ρυθμιστές είτε θα γίνουν ξεπερασμένες είτε θα απαιτήσουν μέρος των ανθρώπινων και οικονομικών πόρων που τώρα απαιτούν. Ως αποτέλεσμα, αυτοί οι πόροι θα κατευθυνθούν προς την βελτίωση της καθημερινής μας ζωής αντί προς να την κρατούν ασφαλή με μικρή επιτυχία. Σε μια τέτοια ενθαρρυντική και θετικά κοινωνική ατμόσφαιρα, ο **Στόχος 3**, «Χρησιμοποιώντας την θετική κοινωνική εργασία για βελτίωση του εαυτού», θα είναι ένα φυσικό παρακλάδι. Η κοινωνία θα ενθαρρύνει, θα αγωνιστεί, και θα κάνει προσπάθειες για να εγγυηθεί ότι ο καθένας μας θα κατανοήσει την προσωπική του, της δύναμη στο έπακρο, διότι όταν η δυναμική χρησιμοποιείται για το κοινό καλό, η κοινωνία θα ωφεληθεί. Ακόμα περισσότερο, απελευθερωμένοι από την ανάγκη να προστατεύσουμε τους εαυτούς μας από ένα εχθρικό περιβάλλον, ένας ανεξάντλητος θησαυρός νέων ενεργιών θα μας δωθεί για την αυτο-κατανόηση μας. Το αποτέλεσμα θα είναι η εκρίζωση της κατάθλιψης και όλων των συγγενικών της ασθενιών, και της υπερβολικά βελτιωμένης ικανοποίησης από την ζωή.

Μετά από μερικούς μήνες ζωής σε μια συλλογική κοινωνία, θα αναρωτιώμαστε πως η αντίληψη του ατομικού ενδιαφέροντος ήταν μια καλή ιδέα. Η προφανής επιτυχία και ευτυχία μιας τέτοιας κοινωνίας θα αποφέρει κίνητρο να την προωθήσει και να την δυναμώσει, δηλαδή να δημιουργήσει μια αιώνια αίσθηση προς όφελος της κοινωνίας, και την ίδια στιγμή, προς όφελος για το κάθε μέλος της χωρίς να παραμελεί ούτε ένα.

Στην παγκοσμιοποιημένη πραγματικότηκα, μόνο ένα είδος κυβέρνησης που θεωρεί ότι η ευτυχία και το ευ ζειν όλων των ανθρώπων στο κόσμο είναι εξίσου σημαντικό μπορεί να επιβιώσει και να είναι επιτυχής.

Ο ΔΡΟΜΟΣ ΠΡΟΣ ΤΗΝ ΚΟΙΝΩΝΙΚΗ ΔΙΚΑΙΟΣΥΝΗ

Σε όλον τον κόσμο, τα έθνη και οι άνθρωποι αφυπνούνται, απαιτώντας από τις κυβερνήσεις τους να τους ακούσουν, να αναγνωρίσουν τον πόνο τους, και να λύσουν τα προβλήματά τους. Η αναστάτωση δεν είναι μόνο για τις τιμές των τροφίμων και της κατοικίας. Ως βάση τους είναι η σταθερή απαίτηση για *κοινωνική δικαιοσύνη*.

Όμως, η κοινωνική δικαιοσύνη είναι ένας άπιαστος στόχος. Με τόσους τομείς της κοινωνίας να έχουν επηρεαστεί από τον πληθωρισμό, την ανεργία και την έλλειψη παιδείας, το δίκαιο ενός ατόμου μπορεί να οδηγήσει σε κάποιου άλλου την αδικία. Στην παρούσα δομή της κοινωνίας, οποιαδήποτε λύση και να δοθεί, θα διαιωνίσει, αν δεν επιδεινώσει την παρούσα αδικία, προκαλώντας ευρεία απογοήτευση, που θα μπορούσε να προκαλέσει περισσότερη βία ή ακόμα και πόλεμο.

Έτσι, η λύση στην απαίτηση για κοινωνική δικαιοσύνη πρέπει να εμπλέκει *όλα τα μέρη της κοινωνίας*, και κανένα να μην αποκλείεται. Η «Άνοιξη των Εθνών» του 2011 αποδεικνύει ότι ο κόσμος έχει αλλάξει ουσιαστικά. Η ανθρωπότητα έχει γίνει μια, παγκόσμια οντότητα. Ως έχει, απαιτεί να αναγνωρίσουμε κάθε μέρος αυτής – και τα έθνη και τα άτομα – ως άξια με το δικό τους δικαίωμα. Τα έθνη δεν θα ανεκτούν την κατάληψη, και οι άνθρωποι δεν θα ανεκτούν άλλο την καταπίεση.

Αν συγκρίνουμε την ανθρωπότητα με ένα ανθρώπινο σώμα που περιέχει πολλά όργανα με διαφορετικές λειτουργίες, κανένα όργανο δεν είναι περιττό. Κάθε όργανο συνεισφέρει ότι πρέπει στο σώμα και λαμβάνει ότι χρειάζεται.

Παρομοίως, η προσέγγιση για την λύση της παγκόσμιας αστάθειας πρέπει να περιλάβει όλα τα μέρη της κοινωνίας. Οι λέξεις κλειδιά για όλες τις διαπραγματεύσεις που εμπλέκονται κυβερνητικοί υπάλληλοι και διαδηλωτές πρέπει να είναι η«λογική σκέψη». Οι διαπραγματεύσεις πρέπει να βασίζονται στην προυπόθεση ότι όλες οι απαιτήσεις των μελών να έχουν αξία και θα πρέπει να ακούονται με σεβασμό. Όμως, επειδή τόσα πολλά μέλη έχουν νόμιμες απαιτήσεις, όλα τα μέλη πρέπει επίσης να λάβουν υπόψιν τους τις απαιτήσεις των άλλων μελών.

Σε τέτοιες συζητήσεις, δεν υπάρχουν «οι καλοί» ή «οι κακοί». Υπάρχουν άνθρωποι με αληθείς, νόμιμες ανάγκες, που μοιράζονται με άλλους τα προβλήματά τους, προσπαθώντας να φτάσουν σε μια αποδεκτή, αξιοπρεπή λύση για όλους.

Σκεφτείτε μια μεγάλη και αγαπημένη οικογένεια. Όλοι στην οικογένεια έχουν τις ανάγκες τους: Ο παππούς χρειάζεται τα χάπια του, ο πατέρας χρειάζεται ένα νέο κοστούμι για τη νέα του δουλειά, η μητέρα χρειάζεται τα μαθήματα γιόγκα, και ο αδελφός Μπεν μόλις έχει γίνει αποδεκτός σε ένα ακριβό κολλέγιο. Έτσι λοιπόν η οικογένεια συγκεντρώνεται σε μια οικογενειακή συνάντηση, κάτι σαν την ημέρα των Ευχαριστιών αλλά χωρίς γαλοπούλα. Τα μέλη μιλούν για εισοδήματα, μαλώνουν για τις προτεραιότητες, μοιράζονται τις ανάγκες τους, λογομαχούν λίγο, και γελούν πολύ. Και στο τέλος, ξέρουν τι είναι το σωστό και τι δεν είναι, ποιος-ά θα πάρει αυτό που έχει ανάγκη και ποιός θα το πάρει αργότερα. Όμως επειδή είναι οικογένεια, συνδεδεμένοι με την αγάπη, αυτοί που πρέπει να περιμένουν, συμφωνούν διότι πάνω από όλα, είναι οικογένεια. Από πολλές απόψεις, η παγκοσμιοποίηση και αυξανόμενη αλληλοεξάρτηση έχουν αλλάξει την ανθρωπότητα σε μια γιγαντιαία οικογένεια. Τώρα χρειαζόμαστε μόνο να μάθουμε το πως να δουλέψουμε έτσι. Αν το σκεπτούμε γ, μια μεγάλη οικογένεια είναι πάντα ασφαλής από το να είναι μόνη της, δεδομένου ότι λειτουργεί ως μια αγαπημένη οικογένεια.

Επίσης, πρέπει να κρατήσουμε στο μυαλό μας ότι σχεδόν σε κάθε χώρα, οι κυβερνήσεις αγωνιούν για τα φορτωμένα ελλείματα και χρέη. Δεν υπάρχουν αρκετοί πόροι να επιτρέψουν μια αξιοπρεπή ζωή για όλους, εκτός και αν κατανοήσουμε ο ένας τις ανάγκες του άλλου. Για αυτό, ο «τρόπος της μεγάλης οικογένειας» είναι η καλύτερη αντίληψη για να εξασφαλίσει ότι η κοινωνική δικαιοσύνη έχει αληθινά επιτευχθεί. Όπως σε μια οικογένεια η ιδέα δεν είναι να καταρρεύσει το σύστημα αλλά να το ρυθμίσει σύμφωνα με τις ανάγκες των ανθρώπων παρά για την ικανοποίηση των αναγκών των ανθρώπων διαφόρων ομάδων πίεσης.

Ο Βασιλειάς Αρθρούρος είχε μια στρογγυλή τράπεζα όπου αυτός και οι ιππότες του συναθροίζοταν. Όπως το όνομά της προτείνει, η τράπεζα δεν είχε κεφαλή, αφήνοντας να εννοηθεί ότι όλοι που κάθονταν εκεί ήταν ίσης κοινωνικής θέσης. Παρομοίως, κυβερνήσεις και πολίτες χρειάζεται να καταλάβουν ότι δεν υπάρχει άλλος τρόπος για την επίλυση των κοινωνικών προβλημάτων από το να καθίσουν μαζί σε μια στρογγυλή τράπεζα (μεταφορικά αν όχι με την παρουσία τους). Πρέπει να θυμηθούμε ότι είμαστε όλοι αμοιβαία υπεύθυνοι ο ένας για τον άλλον και ότι είμαστε αλληλοεξαρτώμενοι, σαν μια οικογένεια. Τα προβλήματα που φαίνονται να μας απασχολούν σε κάθε γωνία δεν είναι τα αίτια αλλά τα *συμπτώματα* του πραγματικού προβλήματος μας: η έλλειψη αλληλεγγύης και αμοιβαίας υπευθυνότητας από τον ένα για τον άλλον. Ως εκ τούτου, είναι εξαιρετικής σημασίας να τα λύσουμε επικαλώντας τα στο «πνεύμα της στρογγυλής τραπέζης».

Λύνοντας αυτά τα προβλήματα το κάθε ένα ξεχωριστά, σταδιακά θα κτίσουμε μια κοινωνία που θα κυβερνάται από την αμοιβαία διασφάλιση. Πράγματι, η αντίληψη της αμοιβαίας διασφάλισης είναι ο πραγματικός λόγος που παρουσιάσαμε αυτά τα προβλήματα. Από την στιγμή που κατορθώσουμε την αμοιβαία διασφάλιση, τα προβλήματα θα φύγουν όπως και ο αέρας.

ΠΡΟΣ ΑΜΟΙΒΑΙΑ ΔΕΣΜΕΥΣΗ

Γιατί η μοιραζόμενη ευθύνη για την επίλυση στις προκλήσεις της ανθρωπότητας σε έναν αλληλοσυνδεόμενο κόσμο είναι το κλειδί για να λυθούν

Παρόλο τις αφάνταστες προσπάθειες δεκαετιών, πηγών και σχεδιασμού εκ μέρους των Ηνωμένων Εθνών να εκριζώσουν την ανισότητα, την εκμετάλλευση, και την έλλειψη βασικών συνθηκών για την επιβίωση, αυτά τα προβλήματα ακόμα θέτουν μεγάλες προκλήσεις σε αρκετές χώρες. Σε όλον τον κόσμο, περίπου 1.4 εκατομμύρια άνθρωποι ζουν με λιγότερα από $2 την ημέρα, ενώ $5.2 εκατομμύρια σε αξία τρόφιμα καταλήγουν στα σκουπίδια μόνο στην Αυστραλία.

Ο Jonathan Bloom, συγγραφέας του *Αμερικάνικος Σκουπιδότοπος: Πως η Αμερική Πετάει Σχεδόν τα Μισά Τρόφιμά της*, γράφει ότι «Περισσότερο από το 40% της τροφής που παράγεται για κατανάλωση πετιέται από τους Αμερικανούς. Το συνολικό κόστος της τροφής φτάνει σε ετήσιο υπολογισμό περισσότερο από τα $100 δισεκατομμύρια». Και το χειρότερο, το χάσμα μεταξύ εκείνων που έχουν και εκείνων που δεν έχουν συνεχίζει να μεγαλώνει.

Για δεκαετίες, οι προσπάθειες των αναπτυσσώμενων χωρών να ζητήσουν βοήθεια για τα τρόφιμα, την υγεία, και ανάπτυξη από τις πιο πλούσιες χώρες είχαν πολύ ανεπαρκή αποτελέσματα. Μέχρι σήμερα δεν υπήρχε άλλη επιλογή. Έτσι και αλλιώς, το όνομα του παιχνιδιού ήταν «Ο Νικητής τα Κερδίζει Όλα».

Τα χάσματα δεν είναι μόνο μεταξύ χωρών, αλλά και μέσα στις ίδιες τις χώρες. Η αίσθηση της στέρησης προκαλεί εθνική και διεθνή ένταση, και καθαρά, δεδομένου της παγκόσμιας κρίσης, η κατάσταση μπορεί να χειροτερέψει δραστικά.

Τώρα όμως το παιχνίδι έχει αλλάξει. Η πρόσφατη έκρηξη της Άνοιξης των Εθνών διδάσκει σε όλους μας ένα μάθημα που πρέπει να λάβουμε σοβαρά: Ο κόσμος είναι συνδεδεμένος, και ότι σπείρουμε θα φυτρώσει. Η παγκοσμιοποίηση μας έχει κάνει όλους αλληλοεξαρτώμενους, και κανένα έθνος δεν μπορεί να εκμεταλλευτεί άλλα έθνη επειδή είναι ισχυρότερο, ή διαφορετικά θα το πληρώσει πολύ ακριβά. Όπως μπορούμε να δούμε, χώρες που χτες ήταν απρόσβλητες σήμερα θριματίζονται. Παραμένουν αξιόχρεες λόγω του οίκτου των κρατών που, μερικά χρόνια πριν, αντιμετωπίζοταν ως κατώτερες.

Στην σημερινή παγκοσμιοποιημένη πραγματικότητα, ή *όλοι* κερδίζουμε ή *όλοι* χάνουμε διότι είμαστε αλληλοεξαρτώμενοι. Όταν αρκετοί άνθρωποι στον κόσμο ανοίξουν τα μάτια τους στα γεγονότα της παγκοσμιοποίησης και αμοιβαίας ευθύνης, μια μεγάλη αλλαγή θα αρχίσει. Ούτε οι άνθρωποι ούτε και οι χώρες θα εκμεταλλεύονται η μια την άλλη. Ούτε οι γιγάντιες κοινοπραξίες θα εκμεταλλεύονται άλλο δεκάδες εκατομμυρίων απλήρωτων εργατών σε όλο τον κόσμο. Ούτε θα επιτρέπεται στα παιδιά να πεθαίνουν από πείνα ή αρρώστιες που μπορεί να αντιμετωπιστούν με κοινά αντιβιωτικά, ούτε οι γυναίκες θα κακομεταχειρίζονται επειδή απλά και μόνο είναι γυναίκες. Πράγματι, σε έναν κόσμο όπου οι άνθρωποι κατανοούν ότι το δικό τους ευ ζειν εξαρτάται από το ευ ζειν των άλλων, θα νοιαστούν για τους άλλους, οι οποίοι με την σειρά τους θα τους φροντίσουν αργότερα.

Όταν η αλλαγή ξεκινήσει, όροι όπως «αναπτυγμένες χώρες» και «τρίτος κόσμος» δεν θα υφίσταται. Θα είναι μόνο ένας κόσμος και οι άνθρωποι που θα κατοικούν σε αυτόν.

ΕΦΑΡΜΩΖΟΝΤΑΣ ΤΗΝ ΑΛΛΑΓΗ

Για να πραγματοποιήσουμε τα παραπάνω, δυο πράγματα είναι υψίστης σημασίας: 1) πρώτες βοήθειες, 2) παιδεία.

Με τον όρο «πρώτες βοήθειες» εννοούμε ότι ξεκινάμε μια παγκόσμια εκστρατεία που εξηγεί γιατί, στην παγκοσμιοποιημένη πραγματικότητα, η ανεπαρκής τροφή και έλλειψη καθαρού πόσιμου νερού είναι ασυγχώρητο και πρέπει να διορθωθεί χωρίς καθυστέρηση. Είναι εύκολο να δείξουμε ότι το κόστος τέτοιων επενδύσεων ξεπληρώνεται με τόκο σε λίγα μόνο χρόνια. Χώρες όπως η Ινδία, το Βιετνάμ, και η Ινδονησία εξυπηρετούν ως υπέροχα παραδείγματα, παρόλες τις υπάρχουσες προκλήσεις τους.

Παιδεία σημαίνει η πληροφόρηση των ανθρώπων της νέας εποχής της παγκοσμιοποίησης, αμοιβαίας εξάρτησης, και μοιραζόμενης ευθύνης, της οποίας είμαστε όλοι μέρος. Οι πρόσφατες παγκόσμιες οικονομικές κρίσεις, και η σειρά εξεγέρσεων σε όλο τον κόσμο είναι επαρκή στοιχεία ότι επηρεάζουμε ό ένας τον άλλον σε όλα τα επίπεδα της ζωής – οικονομικό, κοινωνικό, ακόμα και στο συναισθηματικό (βλέπε την αναφορά του Thomas Friedman στο «Παγκοσμιοποίηση του Θυμού»).[88]

Στο **Βήμα ένα** της εκπαιδευτικής διαδικασίας, οι άνθρωποι θα κατανοήσουν ότι είναι αδιανόητο πάνω από ένα δισεκατομμύρια άνθρωποι να πεινούν ενώ ένα άλλο δισεκατομμύριο πετάει σχεδόν την μισή τροφή που αγοράζει και αγωνίζεται με την παχυσαρκία. Από την στιγμή που οι απλές ανάγκες της ζωής παρέχονται σε όλον τον κόσμο, το Βήμα δυο θα ξεκινήσει.

Το **Βήμα δυο** θα εστιαστεί στο να βελτιώσει την ενότητα και την αλληλεγγύη ανάμεσα στα άτομα και τα έθνη, σε συμφωνία με την τωρινή, αλληλοσυνδεόμενη πραγματικότητα. Στην Φύση, η ενότητα, ανταποδοτικότητα, και αμοιβαία ευθύνη είναι προαπαιτούμενα για την ζωή. Κανένας οργανισμός δεν επιζεί εκτός και αν τα κύτταρά του λειτουργούν αρμονικά. Παρομοίως, κανένα οικοσύστημα δεν ευδοκιμεί αν ένα από τα στοιχεία του αποσυρθεί. Μέχρι πρόσφατα, η ανθρωπότητα ήταν το μόνο είδος που δεν ακολουθούσε το νόμο της αμοιβαίας εξάρτησης και ανταπόδοσης. Πιστεύαμε ότι ο νόμος της Φύσης ήταν «Επιζούν οι καλύτεροι». Όμως τώρα αρχίσαμε να κατανοούμε ότι και εμείς υπαγόμαστε στην αλληλοεξάρτηση και πρέπει να αποδεκτούμε αυτόν τον νόμο αν θέλουμε να επιβιώσουμε.

Η Εκστρατεία

Για να διοχειτεύσουμε τα μηνύματα της αμοιβαίας ευθύνης και αλληλοεξάρτησης, προτείνουμε τα παρακάτω: να προκυρήξουμε το επόμενο έτος, το οποίο τα Ηνωμένα Έθνη ονόμασε, «Το έτος των συνεργασιών», το σημείο εκκίνησης της αλλαγής της παγκόσμιας αντίληψης προς την επείγουσα ανάγκη για αμοιβαία δέσμευση έτσι ώστε να διατηρήσουμε την κοινωνία και την οικονομία βιώσιμη.

Τα Βήματα της Αλλαγής
1. Πρέπει να σχηματίσουμε ένα διεθνές φόρουμ επιστημόνων (από τις φυσικές επιστήμες καθώς και από τις κοινωνικές και ανθρωπιστικές επιστήμες), καλλιτέχνες, σκεπτιστές, οικονομολόγους, επιτυχημένους επιχειρηματίες, και διασημότητες υπό την αιγίδα του ΟΗΕ

για την διακύρηξη της έναρξης του έτους των Συνεργασιών. Σε αυτό το συνέδριο, οι συμμετέχοντες θα δεσμευτούν να κάνουν ότι το καλύτερο για να εξαφανίσουν την πείνα και την έλλειψη. Θα ναυλωθούν από τις χώρες τους για να σχεδιάσουν μια παγκόσμια εκστρατεία για να μεταδώσουν την συνειδητοποίηση της παγκοσμιοποίησης, της μοιρασμένης ευθύνης και αλληλοεξάρτησης.
2. Στο τέλος του συνεδρίου, ομάδες από τον ΟΗΕ θα εργαστούν με κάθε χώρα για να δημιουργήσουν εκστρατείες των ΜΜΕ, σχολικά προγράμματα, σήμανση στους δρόμους, και άλλους τρόπους διαφήμισης για να προωθήσουν τις παραπάνω έννοιες. Ο στόχος της εκστρατείας θα είναι να κάνει αποτρόπαια την ιδέα της εκμετάλλευσης των άλλων, και την ιδέα του να μοιράζομαι και να φροντίζω αξιέπαινη, και ενδεχομένως, την δεύτερη φύση σε όλους μας.
3. Οι ομάδες του ΟΗΕ θα συγκαλούνται σε κανονική βάση στο αρχηγείο του ΟΗΕ για να αναφέρουν και να συγχρονίζουν τις κινήσεις τους έτσι ώστε να προωθήσουν την παγκόσμια πρόοδο σχετικά με την αίσθηση της αμοιβαίας υπευθυνότητας. Οι συναντήσεις των ομάδων θα μεταδίδονται ζωντανές για να δείξουν διαφάνεια και να βελτιώσουν την αξιοπιστία τους. Το πιο σημαντικό θα είναι η ευκαιρία να δείξουν πόσο παραγωγικοί μπορούμε να είμαστε όταν δουλεύουμε μαζί.
4. Χώρες, κοινοπραξίες, ακόμα και άτομα που διαπρέπουν στο να δείχνουν την αλληλεγγύη και την μοιραζόμενη ευθύνη θα επαινούνται και θα δοξάζονται όπως οι ηθοποιοί και οι τραγουδιστές λατρεύονται σήμερα. Αυτό θα είναι ένα δυναμικό κίνητρο για να ενθαρρύνει εκείνους που διαπρέπουν να συνεχίσουν να διαπρέπουν, και σε αυτούς που δεν το κάνουν να συμμετέχουν.

5. Από αρκετά πειράματα στις επιρροές της θετικής κοινωνικής συμπεριφοράς (όπως του David W.Johnson και Roger T. Johnson, «Μια Επιτυχημένη Εκπαιδευτική Ιστορία Ψυχολογίας: Θεωρία της Κοινωνικής Αλληλοεξάρτησης και Μάθηση Συνεργασίας»),[89] γνωρίζουμε ότι τυπικά τα Δυτικά βάσανα όπως η κατάθλιψη και κατάχρηση των φαρμάκων θα εξαφανιστεί όταν ριζώσει η εκστρατεία. Αυτό, με την σειρά του, θα αποδεσμεύσει έναν υπερβολικό αριθμό οικονομικών και ανθρώπινων πόρων που θα χρησιμοποιηθούν για άλλες ανάγκες της ανθρωπότητας. Οι διεθνείς εχθρότητες θα μειωθούν ακόμα πιο πολύ και μόνο για την έλλειψη ηθικής και οικονομικής υποστήριξης των αντιπάλων. Σε έναν αλληλοεξαρτώμενο κόσμο είναι παράλογο να μαχώμαστε και αυτό θα είναι ξεκάθαρο σε όλους.

Εμείς στο Ινστιτούτο API έχουμε χρόνια εμπειρίας στις διεθνείς συνεργασίες, στο διαδίκτυο και κυκλοφορία των ιδεών. Έχουμε ένα σύστημα σύνδεσης ελεύθερης μετάδοσης που παράλληλα μεταφράζεται σε οκτώ γλώσσες και μπορούμε να παράγουμε υλικό βίντεο και κειμένων σχεδόν αμέσως.
Ήδη συνεργαζόμαστε με την ΟΥΝΕΣΚΟ στο θέμα της παγκόσμιας παιδείας, και προσφέρουμε τις υπηρεσίες μας και χώρους δωρεάν στα Ηνωμένα Έθνη με την ελπίδα να προεκτείνουμε την καρποφόρα συνεργασία μας.
Σήμερα, η Φύση απαιτεί να ενωθούμε. Με τον χρόνο η απαίτηση θα ενταθεί μέχρι εμείς να συναινέσουμε. Την ίδια στιγμή, αυτή η απαίτηση είναι το κλειδί στην επιτυχία μας του να κτίσουμε μια βιώσιμη πραγματικότητα για εμάς και τα παιδιά μας. Με δυο λόγια, πρέπει να ενωθούμε, να δουλέψουμε μαζί και θα επιτύχουμε.

ΤΑ ΟΦΕΛΗ ΤΗΣ ΝΕΑΣ ΟΙΚΟΝΟΜΙΑΣ

Μια ισορροπημένη οικονομία δεν είναι μόνο υποχρεωτική στην παγκόσμια και αναπόσπαστη πραγματικότητα, μας οφελεί όλους επίσης

Κύρια σημεία

- Μια οικονομία βασιζόμενη στις αρχές της αμοιβαίας διασφάλισης είναι σύμφωνη με τους νόμους του παγκόσμιου-ολικού συστήματος, και για αυτό θα είναι σταθερή και θα παρέχει καλύτερα όλες τις απαραίτητες ανάγκες μας για την συντήρησή μας. Επίσης θα μας επιτρέψει να έχουμε χρόνο για να καταλάβουμε τις προσωπικές και κοινωνικές μας δυνατότητες.
- Μια οικονομία υπό την σκιά της αμοιβαίας διασφάλισης έχει πολλά κοινωνικά και οικονομικά πλεονεκτήματα, όπως ένα αξιοπρεπές επίπεδο ζωής για όλους, μείωση του κόστους ζωής, διαφάνεια, μια μεγαλύτερη «οικονομική πίτα», και μια δραματική μείωση των χασμάτων και οικονομικών ανισοτήτων.
- Η μετάβαση από την σημερινή ανταγωνιστική, εγωκεντρική οικονομία σε μια ισορροπημένη, λειτουργική θα αποκαλύψει πολλά πλεονάσματα σε χρήματα, περουσιακά στοιχεία, και πόρους που μπορούν να χρησιμοποιηθούν για το δημόσιο όφελος.
- Η μετάβαση σε μια οικονομία βασισμένη στην αμοιβαία διασφάλιση θα είναι σταδιακή, αλλά από την

έναρξή της θα δημιουργηθεί μια θετική δυναμική αλλαγής και ελπίδας – ένα νέο πνεύμα, μια αίσθηση συνοχής προσωπικής εμπιστοσύνης.

ΜΙΑ ΚΛΙΜΑΚΩΤΗ ΚΡΙΣΗ ΣΤΗΝ ΕΥΡΩΠΗ ΚΑΙ ΣΤΙΣ ΗΝΩΜΕΝΕΣ ΠΟΛΙΤΕΙΕΣ

Η παγκόσμια οικονομική κρίση χειροτερεύει γρήγορα. Οι Ηνωμένες Πολιτείες είδαν την πρώτη υποβάθμιση στην οικονομία τους, και η Ευρωζώνη απειλείται να καταρρεύσει ολόκληρη, ή εναλλακτικά, να αντιμετωπίσει την χρεωκοπία του κυρίαρχου χρέους, το οποίο θα ταρακουνίσει τις οικονομικές αγορές σε όλο τον κόσμο. Την ίδια στιγμή, κορυφαίοι οικονομολόγοι κάνουν προαισθηματικά κακές δηλώσεις, όπως του Nouriel Roubini, «Υπάρχει μια σημαντική πιθανότητα .... ότι στους επόμενους 12 μήνες, πρόκειται να υπάρξει μια άλλη ύφεση στις πιο προηγμένες οικονομίες»,[90] ή του Joseph E. Stiglitz, «κατά κάποιο τρόπο, όχι μόνο δεν υπάρχει κρίση στην οικονομία μας, αλλά οφείλει να υπάρχει κρίση στα οικονομικά».[91]

Η οικονομική αλληλοεξάρτηση ανάμεσα στις χώρες κάνει αδύνατο για αυτές να απομονωθούν και να λύσουν τα προβλήματά τους ξεχωριστά. Ένα παράδειγμα είναι η απόπειρα της Ευρωζώνης να σώσει την κλωνιζόμενη Ελληνική οικονομία. Ο Πολωνός Υπουργός Οικονομικών, Jacek Rostowski, μιλώντας μπροστά στο Ευρωπαϊκό Κοινοβούλιο, προειδοποίησε ότι «Η Ευρώπη είναι σε κίνδυνο, και η κατάρρευση της Ευρωζώνης θα οδηγήσει σε μια αλυσιδωτή αντίδραση που θα έχει ως αποτέλεσμα την διάλυση της Ευρωπαϊκής Ένωσης (ΕΕ) και τελικά την επιστροφή του πολέμου στην Ευρώπη».⁹² Επίσης, η Γερμανίδα Καγγελάριος Angela Merkel ανέφερε ότι «Οι ηγέτες της Ευρώπης πρέπει να υψώσουν ένα τοίχος γύρω από την Ελλάδα για να απομακρυνθεί ένας καταιγισμός επιθέσεων στις αγορές άλλων Ευρωπαϊκών κρατών».⁹³

Φυσικά, οι επενδυτές ανησυχούν για το μέλλον της παγκόσμιας οικονομίας. Κατά την διάρκεια συνομιλιών ανάμεσα στους πολιτικούς, επενδυτές και τραπεζίτες στην Washington, PIMCO, ο μεγαλύτερος παγκόσμιος επενδυτής ομολόγων, προέβλεψε, «Οι οικονομίες θα επιβραδυνθούν καθώς η Ευρώπη γλυστράει προς την ύφεση».⁹⁴

Σχετικά με αυτό το γεγονός, ο πρώην Υπουργός Οικονομικών των ΗΠΑ, Lawrence Summers, είπε ότι έχει παρευρεθεί στις συναντήσεις του ΔΝΤ για 20 έτη και «Δεν έχει υπάρξει μια προσύσκεψη στην οποία τα ζητήματα να είχαν περισσότερη βαρύτητα, και στην οποία να ήμουν πιο ανήσυχος για το μέλλον της παγκόσμιας οικονομίας».

Η ανεργία στην Ευρώπη και στις ΗΠΑ είναι υψηλή και ανεβαίνει. Για παράδειγμα, η ανεργία της Ισπανίας ανέβηκε ξαφνικά στο νέο υψηλό της Ευρωζώνης 21.3% στο πρώτο τετράμηνο του έτους, με ρεκόρ 4.9 εκατομμύρια ανθρώπων χωρίς εργασία.⁹⁵ Στις Η.Π.Α., η ανεργία είναι στο 8.6% με 13,3 εκατομμύρια άνθρωποι να μην έχουν εργασία.⁹⁶

Η ΟΙΚΟΝΟΜΙΑ ΧΡΕΙΑΖΕΤΑΙ ΜΕΤΑΠΟΙΗΣΗ

Η αποτυχία να επιλυθεί η παγκόσμια κρίση που ξεκίνησε το 2008 μπερδεύει τους πιο σημαντικούς οικονομολόγους και εκθέτει τα όρια των πρόσφατων οικονομικών παραδειγμάτων. Η διασταλτική νομισματική πολιτική ήθελε να αντιστρέψει την πτώση και σταδιακά να θεραπεύσει την παγκόσμια οικονομία, αλλά το αντίθετο συμβαίνει. Φαίνεται ότι η οικονομική «εργαλειοθήκη» στα χέρια αυτών που λαμβάνουν τις αποφάσεις αντιμετώπισε μόνο τα συμπτώματα της κρίσης αντί την ίδια την κρίση.

Οι περικοπές των επιτοκίων, προέκταση των προυπολογισμών – είχαν την πρόθεση να δυναμώσουν την βιομηχανία και το εμπόριο – οι περικοπές φόρων, οι μεταρρυθμήσεις στην οικονομία, η μεσολάβηση των κεντρικών τραπεζών μαζί και οι αγορές συναλλάγματος έχουν αποτύχει να αναζωογοννήσουν την επιβραδυνόμενη οικονομία.

Για να επιλυθεί η κρίση πρέπει πρώτα να διαγνώσουμε την ρίζα του προβλήματος και να υιοθετήσουμε μια λύση που το διορθώνει. Αντιμετωπίζοντας μόνο τα συμπτώματα δεν επιλύει την ίδια την κρίση, όπως η πρόσφατη επάνοδος της μας δείχνει.

Κατά βάθος, η οικονομία είναι μια έκφραση του πως συγγενεύουμε ο ένας με τον άλλον. Στην πρόσφατη οικονομία, το πρωτεύων κίνητρο είναι να αυξήσουμε τα κέρδη σε ένα ανταγωνιστικό περιβάλλον που διαιωνίζει μέσα μας την αίσθηση της έλλειψης. Αυτό έχει ως αποτέλεσμα το παιχνίδι του μηδενικού ποσού, όπου ενός το κέρδος επέρχεται εις βάρος του άλλου.

Η λύση για την οικονομική κρίση απαιτεί να αλλάξουμε εμείς πρώτα στις σχέσεις μας με κατεύθυνση προς αυτές που βασίζονται στην αμοιβαία διασφάλιση. Μια τέτοια αλλαγή θα είναι πιθανή μόνο με την δημιουργία ενός περιβάλλοντος στήριξης, συμπεριλαμβανομένων των συστημάτων πληροφορίας που μας εκπαιδεύουν για αυτήν την αλλαγή. Αυτές περιλαμβάνουν την χρήση των ΜΜΕ καθώς και εκπαιδευτικά συστήματα για ενήλικες και νέους. Το εκπαιδευτικό πλαίσιο θα εγκρίνει αξίες όπως την αλληλεγγύη, την συνεργασία, την ενσυναίσθηση, την φροντίδα για τους άλλους και την αμοιβαία διασφάλιση.

Οι πολιτικές επιστήμες παρέχουν άφθονες αποδείξεις του πως το περιβάλλον επηρεάζει τους ανθρώπους.[97] Ως εκ τούτου, πρέπει να κτίσουμε μια κοινωνία που μας διδάσκει να σκεπτόμαστε διαφορετικά και να υιοθετήσουμε θετικές κοινωνικές αξίες.

Σήμερα, η κοινωνία μας αμοίβει με χρήματα, δύναμη, και δόξα. Τέτοιες αμοιβές δημιουργούν τον ανταγωνισμό και προκαλούν την επιθετικότητα καθώς ο καθένας μας προσπαθεί να εκμεταλλευτεί ή να μεταχειριστεί τους άλλους σε προσωπικό, επιχειρισιακό, εθνικό ή διεθνές επίπεδο. Αν οι αμοιβές άλλαζαν και ενθαρρύναμε την αμοιβαία διασφάλιση, η αλλαγή θα ήταν εύκολη να γίνει και θα τύγχανε μεγάλης δημόσιας υποστήριξης. Αυτή είναι η δύναμη του περιβάλλοντος που επηρεάζει την συμπεριφορά μας.

ΠΡΩΤΑ ΑΠ ΟΛΑ: ΣΒΗΝΟΝΤΑΣ ΤΗΝ ΦΩΤΙΑ

Πρώτα, πρέπει να σβήσουμε τις εστίες φωτιάς και να αντιμετωπίσουμε τα πιο δύσκολα ζητήματα που μας απασχολούν. Για να το καταφέρουμε, πρέπει να είμαστε μαζί, να σκεπτούμε στο σχήμα της στρογγυλής τραπέζης, και να συνομιλήσουμε – σαν μια οικογένεια – πως μπορούμε να βοηθήσουμε εκείνους μεταξύ μας που είναι σε απόγνωση, που ζουν κάτω από το επίπεδο της φτώχιας. Χωρίς μια λύση για αυτά τα προβλήματα που όλοι θα συμφωνήσουμε, δεν μπορούμε να κάνουμε καμία πρόοδο.

Η συμφωνία είναι μια προυπόθεση για τον σχηματισμό της αμοιβαίας διασφάλισης ανάμεσά μας. Συμφωνώντας στην αμοιβαία διασφάλιση θα κινητοποιήσει τους πιο τυχερούς να κάνουν τις απαραίτητες παραχωρήσεις για να βοηθήσουν τους άλλους και να δημιουργήσουν τις οικονομικές διορθώσεις που θα αντιμετωπίσουν παντελώς τις προκλήσεις της φτώχιας.

Κάποιο κομμάτι της χρηματοδότησης, για να διορθώσει την ανισορροπία, θα προέλθει από τους προυπολογισμούς του κράτους, αντανακλώντας την αλλαγή στις κοινωνικο-οικονομικές προτεραιότητες. Όμως, το μεγαλύτερο ποσό των χρημάτων θα προέλθει από νέες πηγές που θα δημιουργηθούν από την μετάβαση της υπερβολικής κατανάλωσης στην λογική κατανάλωση. Αυτή η μετάβαση θα αντανακλά την αλλαγή από μια ατομική, ανταγωνιστική οικονομία σε μια συνεργαζόμενη, αρμονική που είναι σε συγχρονισμό με τους νόμους του παγκόσμιου,συλλογικούκόσμου.

Την ίδια στιγμή, πρέπει να αποκτήσουμε τις βασικές δεξιότητες για την ζωή και να ξεκινήσουμε την καταναλωτική παιδεία που θα μας κάνει ικανούς να επιδιώξουμε έναν ανεξάρτητο, ισορροπημένο τρόπο ζωής στον νέο κόσμο. Συνδιάζοντας τις άμεσες οικονομικές και χρηματοδοτικές λύσεις με κατάλληλη καταναλωτική παιδεία θα λειτουργήσει ως «CPR» για τους χαμηλοεισοδηματίες στην κοινωνία. Θα χαράξει επίσης την αναγκαία κοινή βάση για να υιοθετηθεί η αμοιβαία διασφάλιση ως μια κοινωνική και οικονομική συμφωνία, δένοντας μας όλους μαζί, σε συγχρονισμό με τους νόμους του παγκόσμιο-συλλογικού κόσμου.

ΠΡΟΣ ΜΙΑ ΝΕΑ ΟΙΚΟΝΟΜΙΑ, ΚΑΤΩ ΑΠΟ ΤΗΝ ΟΜΠΡΕΛΑ ΤΗΣ ΑΜΟΙΒΑΙΑΣ ΔΙΑΣΦΑΛΙΣΗΣ

Είναι εύκολο να περιγράψουμε το βελτιωμένο κοινωνικο-οικονομικό σύστημα στο τέλος της διαδικασίας της μεταμόρφωσης, προς το οποίο μας ωθεί αυτή η κρίση. Η ανεπάρκεια των πρόσφατων οικονομικών συστημάτων στο παγκόσμιο δίκτυο και η αυξανόμενη προσωπική και πολιτική αλληλοεξάρτηση είναι οι λόγοι για την κλίμακωση της παγκόσμιας κρίσης. Όταν οι λήπτες αποφάσεων και οι κορυφαίοι οικονομολόγοι καταλάβουν ότι αυτά είναι τα κύρια θέματα, η λύση θα γίνει εμφανής και αν ακόμα χρειαζόμαστε να αλλάξουμε τις σχέσεις μας προς αυτές της αμοιβαίας διασφάλισης. Από τη στιγμή που επιτευχθεί αυτό, μπορούμε να κινηθούμε προς μια νέα οικονομία που αντανακλά αυτή την αλλαγή ιδεών και αξιών στο κόσμο.

Κάτω από την ομπρέλα της αμοιβαίας διασφάλισης, και η οικονομία αλλά και η ανθρώπινη κοινωνία θα είναι σε αρμονία με το παγκόσμιο δίκτυο διασυνδέσεων. Αντί από το «να πλέουμε προς τον άνεμο». σπαταλώντας ενέργεια και πόρους προσπαθώντας να διατηρήσουμε μια αποτυχημένη μέθοδο, μια νέα οικονομία θα σχηματιστεί, ισορροπημένη και σταθερή, στηριζόμενη στην κοινωνική συνοχή σε όλα τα επίπεδα, στην ευρεία διεθνή συνεργασία, ισορροπημένη κατανάλωση, και με σταθερές οικονομικές αγορές. Αυτή η κατάσταση θα είναι κατά πολύ καλύτερη από τις σημερινές οικονομικές αγορές, οι οποίες παράγουν καταστροφικές φούσκες κάθε 5-7 χρόνια.

ΤΑ ΟΦΕΛΗ ΤΗΣ ΟΙΚΟΝΟΜΙΑΣ ΑΠΟ ΤΗΝ ΑΜΟΙΒΑΙΑ ΔΙΑΣΦΑΛΙΣΗ

Υπάρχουν πολλά οφέλη σε μια οικονομία που βασίζεται στην αμοιβαία διασφάλιση. Επιχειρώντας να εμμένουμε στο παρών, αποτυχημένο οικονομικό μοντέλο για να εφισυχάσουμε τα άμεσα προβλήματα ακολουθώντας την οικονομική κρίση, το κάνουμε δυσκολότερο να εκτιμήσουμε την τεράστια δυναμικότητα της οικονομίας της αμοιβαίας διασφάλισης. Αν φανταστούμε ότι είμαστε ήδη σε μια κατάσταση αμοιβαίας διασφάλισης, θα μπορέσουμε να δούμε τα πολλά πλεονεκτήματά της:

1. **Ένα σωστό και δίκαιο επίπεδο ζωής για όλους:** Μια οικονομική πολιτική βασισμένη στην αμοιβαία φροντίδα θα μας βοηθήσει να διαθέσουμε τα αναγκαία δημόσια ποσά για να υψώσουμε τις χαμηλές τάξεις πάνω από το επίπεδο της φτώχειας. Την ίδια στιγμή,με εργαστήρια στην εκπαίδευση δεξιοτήτων για τη ζωή και η καταναλωτική επιστήμη θα βοηθήσουν τους ανθρώπους να αναπτύξουν οικονομική αλληλοεξάρτηση. Το να ζούμε πέραν των δυνατοτήτων μας και η υπερκατανάλωση έχουν γίνει μια παγκόσμια προδιάθεση που απαιτεί διόρθωση.98 99

2. **Χαμηλώνοντας το κόστος ζωής:** Όταν η απληστία δεν είναι πια η βάση των οικονομικών σχέσεων, όταν ο καθένας μας είναι ευχαριστημένος με το λογικό κέρδος και δεν επιδιώκει να μεγιστοποιήσει το κέρδος εις βάρος των άλλων, οι τιμές των προϊόντων και υπηρεσιών θα πέσουν σχεδόν κοντά στο κόστος παραγωγής. Σήμερα, οι τιμές πολλών αγαθών και υπηρεσιών είναι πολύ υψηλές διότι ο κάθε σύνδεσμος μαζί με την εμπορική αλυσίδα αγωνίζεται να πετύχει το μέγιστο κέρδος. Επαινώντας την αξία της αμοιβαίας διασφάλισης στα δίκτυα επικοινωνίας και στον δημόσιο διάλογο θα κάνει τις εταιρίες να προσθέσουν το δημόσιο όφελος στις εξισώσεις τους. Αυτό θα κάνει την ζωή πιο εύκολη για όλους μας.

Τα πρώτα σημάδια του κινήματος χαμηλότερου κόστους ήδη αναδύονται. Η κοινωνική αναταραχή πραγματικά προκαλεί τους παρασκευαστές να χαμηλώσουν τις τιμές των προϊόντων και υπηρεσιών. Για τώρα, αυτές ποικίλουν, είναι περιστασιακές, ελάχιστες, και περαστικές εκπτώσεις, όμως η μόδα είναι φανερή. Όταν γίνει η μεταβίβαση σε μια σχετικά ισορροπημένη κατανάλωση, και η ζήτηση και οι τιμές θα πέσουν.

Επίσης,το χαμηλό κόστος ζωής θα εξαφανίσει την ανισότητα και τα κοινωνικά χάσματα, που είναι ένα από τα κύρια πλεονεκτήματα της οικονομίας της αμοιβαίας διασφάλισης.

3. **Ελλατώνοντας τα κοινωνικά χάσματα:** Μια από τις κύριες ασθένειες της παρούσας παγκόσμιας οικονομίας είναι η σταθερή αύξηση της ανισότητας. Αυτό είναι το κύριο κίνητρο της παγκόσμιας αστάθειας που απαιτεί κοινωνική δικαιοσύνη. Όταν συμπεριφερόμαστε ο ένας στον άλλο σαν μια οικογένεια, δεν θα ανεχτούμε την ευκαιριακή ανισότητα ή τα μέσα αυτής μεταξύ μας ή οπουδήποτε στην κόσμο. Αντί της αστάθειας και του φόβου για επανάσταση και βία, η αμοιβαία διασφάλιση θα τύχει μεγαλύτερης ευμένειας καθώς τα οικονομικά χάσματα θα ελαττωθούν και η σταθερότητα του συστήματος θα βελτιωθεί.

Ελαττώνοντας τα μέσα της ανισορροπίας, ανάμεσα σε άλλα πράγματα, είναι οι οικονομικές και κοινωνικές παραχωρήσεις εκ μέρους των πολιτών με υψηλά εισοδήματα. Η παιδεία, η επιρροή του περιβάλλοντος, και ένας αποτελεσματικός μηχανισμός επικοινωνίας – όπως η στρογγυλή τράπεζα – θα κάνουν βέβαιο ότι όλες οι αποφάσεις θα λαμβάνονται με διαφάνεια και δικαιοσύνη, και θα αντανακλούν την κοινωνική και οικονομική συναίνεση – που είναι προαπαιτούμενα για την αμοιβαία διασφάλιση. Σε αντάλλαγμα για τις παραχωρήσεις τους για το κοινό καλό, εκείνοι που τις κάνουν θα ανταμείβονται με την δημόσια εκτίμηση για τις προσφορές τους. Επιπροσθέτως, εκείνοι που λαμβάνουν την βοήθεια και τους πόρους θα είναι ικανοί να απολαύσουν μια καλύτερη και πιο αξιοπρεπή ζωή. Αυτοί, επίσης, θα εκτιμήσουν την νέα μέθοδο.

4. **Μια γνήσια, πλήρης μεταρρύθμιση του προϋπολογισμού:** Το μόνο πράγμα που μπορεί να δημιουργήσει μια αίσθηση κοινωνικής δικαιοσύνης και αμοιβαίας διασφάλισης για κάθε άτομο στην κοινωνία είναι η πίστη ότι όλοι είμαστε στην ίδια βάρκα, και ότι πρέπει να δουλέψουμε μαζί. Αυτό θα απαιτήσει μια πιο δίκαιη μέθοδο προτεραιοτήτων στον εθνικό προϋπολογισμό που θα τυγχάνει ευρείας συνοχής και όχι μέσω λογομαχιών των ομάδων πίεσης και των ισχυρών λόμπυ.

Μια οικονομία διαχειριζόμενη με διαφάνεια θα επιτρέψει σε όλους να καταλάβουν πως λαμβάνονται οι αποφάσεις, και θα βοηθήσει ακόμα και τους ανθρώπους να τις επηρεάσουν. Όταν έχουμε την αίσθηση συνεργασίας και συμμετοχής, δεν αισθανόμαστε πια αρνητικά συναισθήματα όπως την απογοήτευση που σήμερα υπάρχει προς τους λήπτες αποφάσεων στην πολιτικής. Αυτή η μείωση αρνητικότητας θα επιτρέψει στους ανθρώπους να συμφωνήσουν και να στηρίξουν τις αποφάσεις αυτών που λαμβάνουν τις αποφάσεις ακόμα και όταν κάποιες από τις επιλογές τους δεν είναι δημοφιλείς. Η ικανοποίηση του να λειτουργούμε σε μια οικογένεια που λαμβάνει αποφάσεις στην στρογγυλή τράπεζα θα μας ενθαρρύνει να κάνουμε παραχωρήσεις ο ένας στον άλλον.

5. **Αυξάνοντας την οικονομική «πίττα»:** Αν κάθε πολίτης, επιχειρηματίας, και κυβερνητικό γραφείο αισθάνονται ως μέλη της παγκόσμιας οικογένειας, πολλά πλεονάσματα σε χρήμα, σε αγαθά και υπηρεσίες, σε πολιτειακούς και δημοτικούς προϋπολογισμούς ακόμα και σε προσωπικούς

προϋπολογισμούς θα εμφανιστούν. Σκεφτείτε τα τόσα πράγματα που έχουμε στο σπίτι και δεν χρησιμοποιούμε. Μπορούμε να πάρουμε τα περισσεύματα σε τροφή και ρουχισμό, να τα δώσουμε στους φτωχούς, όπως και να δώσουμε τα χρηματικά πλεονάσματα για να καλύψουμε μέρος των αναγκών άλλων. Ούτε καν θα απαιτηθεί αύξηση στο έλλειμα του προϋπολογισμού, ή να επιβληθούν μέτρα δημοσιονομικής σταθερότητας ή φόροι.

Όμως, δεν προτείνουμε την φιλανθρωπία ως λύση αν και η φιλανθρωπία είναι μια μεγάλη έκφραση μιας σταθερής κοινωτικής ζωής και αμοιβαίας βοήθειας. Εμείς μιλάμε για την επάρκεια. Για παράδειγμα, σύμφωνα με αναφορά του CNN, το 30% όλης της τροφής που παράγεται στον κόσμο κάθε χρόνο ή χάνεται ή πετάγεται. Αυτό είναι περίπου 1.3 δισεκατομμύρια τόνοι τροφής, σύμφωνα με την αναφορά του Αγροτικού Οργανισμού Τροφής των Ηνωμένων Εθνών.[100]

Γιατί οι χώρες όπου η πείνα είναι ένα πραγματικό πρόβλημα δεν μπορούν να λάβουν αυτό το πλεόνασμα; Η απάντηση με μια λέξη είναι «συμφέροντα». Η διανομή των πλεονασμάτων τροφίμων σημαίνει αύξηση της τροφοδοσίας πράγμα που θα οδηγήσει προς την κάθοδο των τιμών. Αυτό, με την σειρά του, θα μειώσει τα κέρδη των παραγωγών και εμπόρων τροφίμων. Σε μια οικονομία βασισμένη στην αμοιβαία διασφάλιση μια τέτοια κατάσταση θα ήταν μη εφικτή. Πως μπορούμε να πετάξουμε τα τρόφιμα όταν μέλη της οικογενείας μας πεινούν;

Αυτό είναι μόνο ένα παράδειγμα. Για περισσότερα παραδείγματα των οφελών της οικονομίας της αμοιβαίας διασφάλισης, δείτε το κεφάλαιο, «Πλεονάσματα και Βελτίωση του Κοινού Ευ-Ζειν», στα *Οφέλη της Νέας Οικονομίας*.

6. **Βελτιώνοντας της σχέσεις εργαζόμενου-εργοδότη και εταιριών-κυβερνήσεων:** Έρευνα στη ψυχολογία συμπεριφοράς δείχνει ότι οι εύποροι άνθρωποι αναζητούν σεβασμό, όχι χρήματα.[101] Όμως, σήμερα οι εταιρίες και οι διευθύνοντες σύμβουλοι αξιολογούνται με βάση τα κέρδη τους. Μεγαλύτερα κέρδη σημαίνει υψηλότερη θέση στην αξιολόγηση εταιριών ή την εμφάνιση στην λίστα των «πιο επιτυχημένων διευθύνων συμβούλων της χρονιάς».

Πιθανόν, το καλύτερο παράδειγμα σε αυτήν την στενόμυαλη και εγωκεντρική σκέψη για την αύξηση των κερδών είναι η αγορά εργασίας στις Η.Π.Α. Ο λόγος γιατί η Αμερικάνικη αγορά εργασίας δεν προσθέτει περισσότερες δουλειές, ακόμα και όταν η οικονομία αναπτύσσεται, είναι ότι οι εταιρίες προτιμούν να αυξήσουν τις υπερωρίες του προσωπικού τους, ή να αλλάξουν τους ημιαπασχολούμενους σε απασχολούμενους, από το να προσλάβουν νέους ανθρώπους.

Σήμερα, αυτές οι σκέψεις θεωρούνται λογικές. Αλλά σε μια οικονομία καθοδηγούμενη από την αμοιβαία διασφάλιση, οι αξίες θα είναι τέτοιες ώστε περισσότεροι άνθρωποι να μοιράζονται την ευημερία της οικονομίας αντί λίγων ανθρώπων να μοιράζονται περισσότερα κέρδη. Παρόμοιες βελτιώσεις θα γίνουν στις σχέσεις των εταιριών με τις κυβερνητικές αρχές και την εφορία που θα οδηγήσουν σε δικαιότερους φόρους και λιγότερη φοροδιαφυγή.

7. **Η σταθερότητα και οι μακροχρόνιες λύσεις:** Η νέα οικονομία θα βασιστεί στις αξίες της αμοιβαίας διασφάλισης, και θα είναι απαραιτήτως σταθερή με την σημερινή παγκόσμια αλληλοεξάρτηση. Μια τέτοια οικονομική μέθοδος, σε αρμονία και ισορροπία με το παγκόσμιο και συλλογικό δίκτυο, θα είναι πιο σταθερή και βιώσιμη από τις παρούσες οικονομικές και κοινωνικές

μεθόδους. Θα ταίριαζε στο περιβάλλον της και θα αντανακλούσε μια ευρύτερη συνοχή ανάμεσα στα στοιχεία της: τους ανθρώπους, τις εταιρίες και τις χώρες. Μια ισορροπημένη οικονομία που είναι φιλική προς τον άνθρωπο και την Φύση θα επέτρεπε στο κάθε άτομο να ζήσει με αξιοπρέπεια, να αισθανθεί ότι το σύστημα είναι προσωπικά «φιλικό», και να λάβει επαρκή εφόδια μαζί και την ευκαιρία να ανταποδώσει συνεισφέροντας στο σύστημα.

8. **Βεβαιότητα:** Η μεταβίβαση στην νέα οικονομία θα είναι σταδιακή. Στην αρχή, θα υπάρχει δυναμική της αλλαγής και ελπίδας, ένα νέο πνεύμα στην κοινωνία, μια αίσθηση συνοχής και προσωπικής ασφάλειας. Ο πρόσφατος φόβος της εκμετάλλευσης θα κάνει δρόμο για παραχωρήσεις και κινήσεις γενναιοδωρίας σε αρκετούς τομείς, όπως φτηνότερες κατοικίες, εργασιακά συμβόλαια που δεν εκμεταλλεύονται τους εργαζομένους, μια απλότερη γραφειοκρατία που πραγματικά εξυπηρετεί το δημόσιο ενδιαφέρον, δίκαιες τράπεζες, και παροχές υπηρεσιών σε λογικές τιμές. Με λίγα λόγια, οι άνθρωποι θα αισθάνονται εμπιστοσύνη στις ενδοσχέσεις τους, ένα συναίσθημα που χρειάζεται τόσο πολύ σε αυτές τις αβέβαιες περιόδους, ένα συναίσθημα που τα χρήματα δεν μπορούν να αγοράσουν.

9. **Πραγματική ευτυχία:** Η νέα οικονομία θα δημιουργήσει μέσα μας μια αίσθηση ολοκλήρωσης που δεν μπορεί να μετρηθεί με τα χρήματα. Όπως περιγράφηκε στα Οφέλη της Νέας Οικονομίας, στο κεφάλαιο, «Μελέτες απορρίπτουν το ότι η Αίσθηση του Χρήματος Σημαίνει Ευτυχία», πέρα από ένα ασφαλές επίπεδο εισοδήματος, τα επιπρόσθετα χρήματα δεν βελτιώνουν κανενός την διάθεση. Αντιθέτως, οι άνθρωποι ικανοποιούνται από τις επιτυχείς σχέσεις, από μια αίσθηση εμπιστοσύνης και

ολοκλήρωσης. Η νέα οικονομία και τα οφέλη της δεν είναι περαστικά αλλά στέρεα και σταθερά διότι είναι σε συγχρονισμό με τους νόμους της αμοιβαίας διασφάλισης. Αυτά κάνουν εφικτή την διαδικασία λήψης αποφάσεων σε μεγαλύτερη κλίμακα.
10. **Μια εφαρμοζόμενη διαδικασία λήψης αποφάσεων:** Καθώς η νέα οικονομία θα καθοδηγείται με διαφάνεια, όλοι θα δουν πως λαμβάνονται οι αποφάσεις και θα είναι ικανοί να τις επηρεάσουν. Αυτός είναι ο μόνος τρόπος για την δημιουργία μιας πρακτικής διαδικασίας λήψης αποφάσεων που θα κάνει τους ανθρώπους να αισθανθούν ότι οι αποφάσεις είναι και δίκαιες και αμερόληπτες, λαμβανόμενες μετά από λεπτομερή θεώρηση των αναγκών του συνόλου. Αυτό επίσης θα βελτιώσει την σταθερότητα του κοινωνικο-οικονομικού συστήματος.
11. **Οικονομική και χρηματοπιστωτική σταθερότητα:** Οι χρηματοπιστωτικές αγορές έχουν αλλάξει από το επίπεδο συνάντησης εταιριών και επενδυτών σε ένα πεδίο μάχης παγκόσμιων επιθετικών παικτών, με αρκετή δύναμη να αναστατώσουν και να ταρακουνήσουν την παγκόσμια αγορά προς επιδίωξη του «ενός επιπλέον δολαρίου», αδιαφορώντας για τους απόηχους του συστήματος. Μια οικονομία αμοιβαίας διασφάλισης θα επιτρέψει τις χρηματοπιστωτικές αγορές να αποφύγουν να πέφτουν επανελειμμένως σε χρηματικές φούσκες που ξεπετάγονται και οδηγούν στην καταστροφή την πραγματική οικονομία.
12. **Ισορροπημένη κατανάλωση:** Η επιδίωξη της υπερβολικής κατανάλωσης έχει γίνει εδώ και καιρό το στοιχείο κλειδί στις ζωές μας και στην παγκόσμια οικονομία. Στην οικονομία της αμοιβαίας διασφάλισης, αυτό σταδιακά θα υποχωρήσει κάνοντας χώρο για μια ισορροπημένη κατανάλωση. Στην πραγματικότητα, έχει ήδη αρχίσει η διαδικασία, χάρη στην παρούσα κρίση και την σταδιακή

μετάβαση από την ανταγωνιστική, σπάταλη και άνιση οικονομία σε μια ισορροπημένη και λειτουργική της οποίας στόχος είναι να παρέχει τις βασικές ανάγκες σε όλους. Διαφημήσεις και άλλα είδη κοινωνικής καταπίεσης να μας πείσουν να αγοράσουμε περιττά προϊόντα και υπηρεσίες θα εξαφανιστούν, καθώς και ένας μεγάλος αριθμός περιττών γνωστών προϊόντων. Αντί αυτού, η επιθυμία για συνεισφορά στην κοινωνία και συμμετοχή στην κοινωτική ζωή για το κοινό καλό θα τις αντικαταστήσει με περηφάνεια και χαρά.

Επίσης, λόγω της μειωμένης ζήτησης, οι τιμές θα πέσουν και μια λογική και αξιοπρεπής ζωή θα είναι εφικτή για όλους. Οι εταιρίες θα παράγουν μόνο ότι είναι πραγματικά αναγκαίο για εμάς για μια άνετη και ισορροπημένη ζωή.

13. **Παγκόσμια ισορροπία και αρμονία:** Η μετάβαση από μια υπερκαταναλωτική σε μια ισορροπημένη αγορά θα αποκαλύψει ότι η Γη περιέχει επαρκείς πηγές για την επιβίωση όλων άνετα για πολλά χρόνια. Η εκμετάλλευση των φυσικών πόρων θα σταματήσει και θα ανακαλύψουμε τις υπέροχες ικανότητες της Γης για ανανέωση.

Η σταθερότητα της οικονομίας της αμοιβαίας διασφάλισης βασίζεται στην δυνατή κοινωνική συνοχή και την αμοιβαία φροντίδα. Η σταθερότητα απαιτεί να καταλάβουμε ότι σε μια εποχή της παγκοσμιοποίησης, η αλληλοεξάρτηση μας απαιτεί να προσαρμόσουμε τις συνδέσεις μας και τα κοινωνικά και οικονομικά συστήματά μας σε ένα, αρμονικό σύστημα. Θα παρέχει για όλες τις ανάγκες της ανθρωπότητας και θα στηρίζει, ενθαρρύνει όλων τις ανάγκες να κατανοήσουν τη μεγάλη δυναμική μέσα τους.

Η ΑΜΟΙΒΑΙΑ ΔΙΑΣΦΑΛΙΣΗ – Η ΕΚΠΑΙΔΕΥΤΙΚΗ ΑΝΤΖΕΝΤΑ

Η παιδεία είναι ένα αναγνωρισμένο πρόβλημα και ένα οδυνηρό ζήτημα σε όλον τον κόσμο. Αδιάφορα παιδιά, χαμηλοί βαθμοί, βία, και παράλογη συμπεριφορά δείχνουν ότι τα εκπαιδευτικά συστήματα σε πολλές χώρες έχουν γίνει δυσλειτουργικά.

Μερικά από τα προβλήματα προέρχονται από την κατασκευή του εκπαιδευτικού συστήματος και από την ανικανότητα του να προσαρμοστεί στις αλλαγές. Όμως, μια αλλαγή είναι καθαρά αναγκαία, ειδικά επειδή λίγα έχουν αλλάξει στα σχολεία από την έναρξή τους από τις μέρες της Βιομηχανικής Επανάστασης, 200 χρόνια περίπου πριν. Γεμάτες τάξεις, παιδιά πίσω από τα θρανία, αναγκασμένα να καθήσουν για περαιτέρω ώρες στο σχολείο, μικρά διαλείμματα, και τεράστιες ποσότητες ανούσιων πληροφοριών για απομνημόνευση είναι ακόμα αποδεκτά. Όταν εγκαθιδρύθηκαν τα σχολεία, υπήρχε μια αγνή ανάγκη να εκπαιδευτούν οι μάζες εργατών για να συμπληρωθούν οι γραμμές συναρμολόγησης.

Έτσι, η τωρινή κατασκευή των σχολείων αντανακλά μία στενή αντίληψη της εκπαίδευσης. Η *Εγκυκλοπαίδεια Μπριτάνικα*, όμως, ορίζει την εκπαίδευση με τον ακόλουθι τρόπο: «Εκπαίδευση μπορεί να νοηθεί ως η μεταβίβαση των αξιών και αφομιωμένης γνώσης μιας κοινωνίας. Με αυτή την λογική, είναι ισοδύναμη με αυτό που οι κοινωνιολόγοι ορίζουν κοινωνικοποίηση ή πολιτισμική ένταξη. Τα παιδιά – είτε γεννήθηκαν ανάμεσα στις φυλές της Νέας Γουϊνέας, είτε στους Φλορεντίνους της Αναγέννησης, είτε στις μεσαίες τάξεις του Μανχάταν – γεννιούνται χωρίς κουλτούρα. Η παιδεία σχεδιάζεται για να τους καθοδηγήσει στο να μάθουν μια κουλτούρα, καλουπίζοντας την συμπεριφορά τους για να ενηλικιωθούν, και να κατευθυνθούν προς τον αναμενόμενο ρόλο τους στην κοινωνία».[102]

Όμως, τα σχολεία σήμερα ελάχιστα σκοπεύουν να εξοπλίσουν τους μαθητές με εργαλεία με τα οποία θα συνεχίζουν την παιδεία τους στα πανεπιστήμια και στα κολέγια. Τα σχολεία *δεν* εκπαιδεύουν με την πλήρη αίσθηση της λέξης.

Η εκπαίδευση, όπως έχει μόλις περιγραφεί, δεν είναι απλά μια πράξη για παροχή γνώσης. Είναι μια διαδικασία για τον σχεδιασμό της προσωπικότητας και συμπεριφοράς του καθενός μας. Πράγματι, η ουσία της εκπαίδευσης είναι να διδάξει τον μαθητή πως να αντιμετωπίζει και να επιτυγχάνει στην ζωή. Ένα σχολείο που διδάσκει μόνο πως να απομνημονευτούν πληροφορίες είναι άσχετο με την σημερινή πραγματικότητα.

Στο φως όλων των παραπάνω, έχουμε φτάσει στο σημείο να καταλάβουμε ότι χρειάζεται να κάνουμε μια ουσιαστική αλλαγή στο εκπαιδευτικό παράδειγμα. Πρέπει να εξετάσουμε τις προκλήσεις που μας παρουσιάζει ο μοντέρνος κόσμος και να δούμε αν η παιδεία που παρέχεται σήμερα είναι επαρκής.
Στην σημερινή πραγματικότητα, ο κόσμος μας έχει γίνει ένα παγκόσμιο χωριό, κοινωνικά, πολιτικά, και οικονομικά. Από την στιγμή που προσκολληθήκαμε ο ένας στον άλλο, χάσαμε την ικανότητα να συνεχίσουμε την καθοδήγηση στις ζωές μας με τις αξίες του ναρκισσισμού και την αδιαφορία για τους άλλους. Αυτές οι αξίες ίσως να είναι χρήσιμες στον παλαιό, ατομικό και εγωκεντρικό κόσμο, αλλά από την στιγμή που η ανθρωπότητα γύρισε σε ένα συλλογικό, παγκόσμιο σύστημα, οι κανόνες έχουν γίνει ίδιοι με αυτούς που ισχύουν σε όλα τα συλλογικά συστήματα στην Φύση.

Το ανθρώπινο σώμα είναι ένα παράδειγμα ενός τέτοιου συλλογικού συστήματος. Μέσα στα σώματά μας, η συνεργασία και αρμονία (γνωστή ως ομοιόστασις) ανάμεσα στα κύτταρα και τα όργανα κάνουν το σώμα να διατηρήσει την κατάλληλη υγεία. Για να παραμείνει υγιές, το κάθε κύτταρο και όργανο λειτουργεί σύμφωνα με τα συμφέροντα ολόκληρου του οργανισμού. Η αρμονία ανάμεσα στα κύτταρα κάνει το υγιές σώμα ένα εξαιρετικό μηχανισμό αυτό που είναι, και με τη σειρά της η υγεία του σώματος συνεισφέρει στην υγεία του κάθε κυττάρου.

Ο τρόπος που τα κύτταρα λειτουργούν στο σώμα μας φανερώνει το νόμο της αμοιβαίας διασφάλισης και αμοιβαιότητας, που ισχύει σε όλες τις πολυμερείς συνδέσεις στην Φύση. Πράγματι, η βιωσιμότητα του συστήματος εξαρτάται από τις αμοιβαίες σχέσεις ανάμεσα στα στοιχεία που την αποτελούν.

Ως εκ τούτου, όσο συνεχίζουμε να σχετιζόμαστε εγωιστικά ο ένας με τον άλλον, σε αντίθεση με τον κόσμο που έχει γίνει συλλογικός, λειτουργούμε ασύμφωνα με τους νόμους της Φύσης. Κάνοντας αυτό, είμαστε σαν κύτταρα που είναι μέρη ενός οργανισμού, όμως καταναλώνουν μόνο για τους εαυτούς τους. Στην περίπτωση του ανθρώπινου σώματος, το αποτέλεσμα τέτοιων κυττάρων είναι ένας καρκινικός όγκος. Στην περίπτωση της ανθρωπότητας, το αποτέλεσμα είναι μια πολυ-επίπεδη, πολυπρόσωπη παγκόσμια κρίση.

Για να επιλυθεί αυτή η κρίση, πρέπει να συντονίσουμε το δίκτυο των συνδέσεών μας και να το κάνουμε αληθινά παγκόσμιο. Κάθε πρόσωπο πρέπει να αναγνωρίσει την φύση του κόσμου που ζούμε, και να κατανοήσει ότι τον 21ο αιώνα, η προσωπική ζωή του καθενός εξαρτάται από την συμπεριφορά του καθενός προς τους άλλους. Για αυτό, πρέπει να εκπαιδεύσουμε τους ανθρώπους να γίνουν ευαίσθητοι προς τους άλλους, να νοιάζονται, να είναι υπεύθυνοι στην προσέγγισή τους προς τον κόσμο.

Έπεται ότι τον 21ο αιώνα, ο κόσμος χρειάζεται περισσότερα από μια οικονομική ή πολιτική λύση στα προβλήματά του. Πρώτο και πιο σημαντικό, χρειάζεται μια εκπαιδευτική λύση.

Αρκετές μελέτες και βιβλία έχουν ήδη προσδιορίσει ότι το κύριο στοιχείο στον σχηματισμό της προσωπικότητας σε ένα νέο είναι το εξωτερικό περιβάλλον.[103] Ως εκ τούτου, για να «εκπαιδεύσουμε» πραγματικά ένα παιδί σημαίνει να τον, την τοποθετήσουμε στο σωστό περιβάλλον, ένα που ελκύει θετικά αποτελέσματα και τις σωστές αξίες. Για να μεγαλώσουμε μια γεννιά που θα εκμηδενίσει τις κρίσεις που ζει σήμερα ο κόσμος, πρέπει να δημιουργήσουμε ένα διαφορετικό κοινωνικό περιβάλλον για τα παιδιά μας.

Από νωρίς, τα παιδιά χρειάζεται να μεγαλώνουν με την κατανόηση ότι ο εγωισμός, η επιθυμία δηλαδή να απολαμβάνει εις βάρος των άλλων, είναι η κύρια αιτία των βασάνων στον κόσμο των ενηλίκων. Ταυτόχρονα, πρέπει να δείξουμε στα παιδιά – χρησιμοποιώντας διάφορα εκπαιδευτικά βοηθήματα – ότι οι σχέσεις βασιζόμενες στην αμοιβαία εκτίμηση, ανοχή και κατανόηση διευκολύνουν την αρμονία και την συνέχεια της ζωής.

ΔΕΚΑ ΑΡΧΕΣ ΚΛΕΙΔΙΑ ΓΙΑ ΤΗΝ ΠΑΓΚΟΣΜΙΑ ΕΚΠΑΙΔΕΥΣΗ

1) Το κοινωνικό περιβάλλον κτίζει το άτομο: Το κοινωνικό περιβάλλον είναι το κύριο στοιχείο που επηρεάζει τα παιδιά. Ως εκ τούτου, πρέπει να δημιουργήσουμε ανάμεσά τους, «μια μικρο-κοινωνία» όπου ο καθένας φροντίζει για όλους τους άλλους. Ένα παιδί που μεγαλώνει σε ένα τέτοιο περιβάλλον δεν θα μεγαλώσει και θα επιτύχει μόνο στο να εκφράζει την δημιουργική δυναμικότητα του, της, αλλά και θα προσεγγίσει την ζωή με την αίσθηση του σκοπού, και με μια επιθυμία να κτίσει μια παρόμοια κοινωνία στο «εξωσχολικό» περιβάλλον.

2) Προσωπικό παράδειγμα: Τα παιδιά μαθαίνουν από τα παραδείγματα που τους παρέχουμε, και – από τους εκπαιδευτές και τους γονείς – και μέσω των ΜΜΕ και άλλα δημόσια μέσα που αυτά εκτίθενται.

3) Ισότητα: Κατά την διάρκεια της εκπαιδευτικής διαδικασίας, δεν πρέπει να υπάρχει ένας δάσκαλος αλλά ένας εκπαιδευτής. Αν και ο εκπαιδευτής είναι μεγαλύτερος σε ηλικία, αυτός ή αυτή θα θεωρηθεί από τα παιδιά ως «ένας από αυτά», ένας ομότιμος. Με αυτόν τον τρόπο, ο εκπαιδευτής μπορεί σταδιακά να «υψώσει» τα παιδιά σε κάθε τομέα της εκπαίδευσης – πληροφοριακό, ηθικό και κοινωνικό. Έτσι, για παράδειγμα, κατά την διάρκεια του μαθήματος, παιδιά και εκπαιδευτές θα καθίσουν σε έναν κύκλο και θα μιλήσουν ως ίσοι προς ίσους.

4) Διδάσκοντας μέσω παιχνιδιών: Μέσω παιχνιδιών, τα παιδιά μεγαλώνουν, μαθαίνουν, και εμβαθύνουν την κατανόηση τους στο πως τα πράγματα συνδέονται. Ένα παιχνίδι είναι το μέσο με το οποίο τα παιδιά μαθαίνουν τον κόσμο. Στην πραγματικότητα, τα παιδιά δεν μαθαίνουν λέξεις ακούγοντας τις. Αντιθέτως, μαθαίνουν μέσω εμπειρίας. Ως εκ τούτου, είναι απαραίτητο να χρησιμοποιούνται παιχνίδια ως κύρια μέθοδος στην εργασία με τα παιδιά. Τα παιχνίδια πρέπει να εφαρμόζονται με τέτοιο τρόπο που τα παιδιά θα δουν ότι δεν μπορούν να πετύχουν μόνα τους, αλλά μόνο με την βοήθεια των άλλων, και ότι για να πετύχουν πρέπει να κάνουν παραχωρήσεις στους άλλους, και ότι ένα καλό κοινωνικό περιβάλλον μπορεί να τους κάνει μόνο καλό.

5) **Εβδομαδιαίες εκδρομές:** Κάθε εβδομάδα πρέπει να υπάρχει μια μέρα που τα παιδιά θα φεύγουν από το σχολείο και θα πηγαίνουν στην εξοχή ή σε κάποια άλλη τοποθεσία, ανάλογα με την ηλικία τους. Τέτοια μέρη μπορεί να είναι, πάρκα, ζωολογικοί κήποι, εργοστάσια, αγροκτήματα, κινηματογραφικά στούντιο, ή θέατρα. Επίσης, τα παιδιά πρέπει να διδαχτούν πως λειτουργούν τα συστήματα που επηρεάζουν τις ζωές μας, όπως η εφαρμογή των νόμων, το ταχυδρομείο, τα νοσοκομεία, τα κυβερνητικά γραφεία, τα παλαιά σπίτια, και οποιοδήποτε μέρος που τα παιδιά μπορούν να μάθουν για τις διαδικασίες που είναι κομμάτι της ζωής μας. Πριν, κατά την διάρκεια και μετά την εκδρομή, πρέπει να γίνονται συζητήσεις σχετικά με το τι θα δουν, πως η εμπειρία συγκρίνεται με τις προσδοκίες τους, τα συμπεράσματά τους, κλπ.

6) **Οι μεγαλύτεροι διδάσκουν τους μικρούς:** Οι μεγαλύτερες ηλικιακές ομάδες θα «υιοθετούν» τις μικρότερες ομάδες, ενώ οι νεότερες ομάδες θα μαθαίνουν τις ακόμα νεότερες. Με αυτόν τον τρόπο, όλοι αισθάνονται ως κομμάτι της εκπαιδευτικής διαδικασίας και αφομιώνονται απαραίτητα εργαλεία για την επικοινωνία με τους άλλους.

7) **«Μικρό δικαστήριο»:** Ως μέρος της εκπαιδευτικής διαδικασίας, τα παιδιά πρέπει να δραματοποιούν καταστάσεις που ζουν στην καθημερινή τους ζωή: η ζήλεια, αγώνες για δύναμη, απάτη και ου το κάθε εξής. Μετά την δραματοποίησή, θα πρέπει να προσπαθήσουν να τις αναλύσουν. Μέσω τέτοιων εμπειριών, τα παιδιά θα μάθουν να κατανοούν και να είναι ευαίσθητα προς στους άλλους. Θα κατανοήσουν ότι και οι άλλοι μπορεί να έχουν δίκαιο, ακόμα και αν δεν μπορούν να συμμεριστούν τις απόψεις τους αυτήν την στιγμή. Θα δουν ότι μπορεί στο μέλλον να βρεθούν σε παρόμοιες καταστάσεις, ότι κάθε άτομο και κάθε άποψη έχει

την θέση του σε αυτόν τον κόσμο, και ότι όλοι πρέπει να αντιμετωπίζονται με ανοχή.

8) Βιντεοσκοπημένες δραστηριότητες: Προτείνεται να βιντεοσκοπούνται όλες οι δραστηριότητες για μετέπειτα ανάλυση μαζί με τα παιδιά. Με αυτόν τον τρόπο, τα παιδιά θα είναι ικανά να δουν το πως αντέδρασαν ή συμπεριφέρθηκαν στις συγκεκριμένες καταστάσεις. Θα είναι ικανά να αναλύσουν τα στάδια των αλλαγών που περνούν και θα αναπτύσσουν την ικανότητα να ενδοσκοπούν.

9) Μικρές ομάδες με αρκετούς μορφωτές: Προτείνεται ότι για κάθε ομάδα 10 μαθητών να υπάρχει μια όμαδα δυο επιμορφωτών και έναν επαγγελματία βοηθό (ένας ψυχολόγος).

10) Στήριξη γονέων: Οι γονείς πρέπει να στηρίζουν την εκπαιδευτική διαδικασία που ξεδιπλώνεται στο σχολείο. Πρέπει να μιλήσουν στα παιδιά για την σημαντικότητα των αξιών που διδάσκονται στο σχολείο, να θέσουν ένα παράδειγμα αυτών των αξιών στην συμπεριφορά τους, και να σταματήσουν εντελώς να μεταδίδουν άλλες αξίες. Για να γίνει αυτό εφικτό, θα πρέπει να υπάρχουν και μαθήματα για τους γονείς.

ΣΥΝΕΡΓΑΣΙΑ ΜΕ ΤΗΝ ΟΥΝΕΣΚΟ

Η μέθοδος της παγκόσμιας εκπαίδευσης θερμά έχει γίνει αποδεκτή από την Γενική Γραμματέα της ΟΥΝΕΣΚΟ, Mrs. Irina Bokova. Τώρα, ένα βιβλίο κρίκος των ΟΥΝΕΣΚΟ-ARI στην παγκόσμια παιδεία είναι στα καλούπια, και μια σειρά διεθνών συνεδρίων και συναντήσεων λαμβάνουν χώρα και είναι προγραμματισμένα για το μέλλον.

Σχετικά με το Ινστιτούτο API

Η αποστολή μας είναι:

να προωθήσουμε μια παγκόσμια ευσυνείδητη ανθρωπότητα για να αντιμετωπίσει τις προκλήσεις του σημερινού αλληλοσυνδεόμενου κόσμου.

Τι κάνουμε

- ενθαρρύνουμε έναν διάλογο ανάμεσα στους επιστήμονες, τους μαθητές και τους εκπαιδευτικούς
- προωθούμε θετικές αλλαγές στις εκπαιδευτικές πολιτικές και πρακτικές
- δημιουργούμε ένα νέο παράδειγμα ολοκληρωμένης παιδείας για όλους τους ανθρώπους

Γενικά

Ο σημερινός κόσμος βρίσκεται σε ένα σταυροδρόμι. Υπάρχουν παγκόσμια γεγονότα που αφορούν την οικονομική αστάθεια, την πολιτική αποτυχία, την κοινωνική αναταραχή που η ανθρωπότητα βιώνει ως μια παγκόσμια αλλαγή. Όπως αρκετοί ειδικοί ήδη βλέπουν, η φύση αυτής της αλλαγής είναι ότι γινόμαστε όλο και περισσότερο αλληλοσυνδεόμενοι και αλληλοεξαρτώμενοι και ότι τα παλαιά συστήματα δεν λειτουργούν πια.

Επειδή υπάρχουν επαρκή στοιχεία ότι ο όρος «παγκοσμιοποίηση» υπερκαλύπτει την συσχέτιση ανάμεσα στις παγκόσμιες οικονομικές αγορές, ένα πιο ακριβές νόημα του όρου πρέπει να αποδωθεί στην αλληλοσυνδεόμενη φύση της κοινωνίας ως σύνολο. Είμαστε «παγκόσμιοι» όχι μόνο από οικονομική πλευρά αλλά επίσης,και μάλλον πρωταρχικά, από κοινωνική.

Η κοινωνική αναταραχή που ξεκίνησε το 2011 και συνέχισε σαν παγκόσμια πυρκαγιά απέδειξε πως οι κοινωνικές αναταραχές μπορούν να εξαπλωθούν μέσω των ηπείρων από ένα καυτό σημείο προς το επόμενο μέσω των δικτύων του Παγκόσμιου Ιστού.

Όλοι είμαστε σε μια βάρκα, και όσο πιο νωρίς συνειδητοποιήσουμε τι ακριβώς συμβαίνει στον κόσμο τόσο πιο εύκολη και ασφαλής θα είναι η μετάβαση.

Ενώ είμαστε παγκόσμια αλληλοεξαρτώμενοι, η νοοτροπία του εγωκεντρισμού ακόμα αποτελεί το πρωταρχικό παράδειγμα. Η αλληλοεξάρτησή μας έχει γίνει γεγονός στην ζωή. Εμείς όμως, ο τρόπος σκέψης μας και οι αξίες μας είναι κλειδωμένες στο παλαιό πρότυπο. Ως εκ τούτου, το μονοπάτι για μια βιώσιμη λύση για τις κρίσεις που αντιμετωπίζει η ανθρωπότητα σήμερα, θα πρέπει να αρχίσει από το να ευθυγραμμιστούμε με τις νέες καταστάσεις: πρέπει να εκπαιδευτούμε και να ανεβάσουμε τους εαυτούς μας για να αγκαλιάσουμε την αμοιβαία εξάρτηση και ευθύνη που πρέπει να έχουμε ο ένας προς τον άλλο.

Τα προβλήματα που φαίνεται να μας βάζουν τρικλοποδιά σε κάθε γωνιά δεν είναι τα αίτια αλλά τα συμπτώματα του πραγματικού μας προβλήματος: η έλλειψη αλληλεγγύης και αμοιβαίας ευθύνης για τον συνάνθρωπό μας.

Πολλές έρευνες έχουν ήδη αποδείξει την δύναμη της κοινωνικής επιρροής.Το Ινστιτούτο ARI εργάζεται για να αξιοποιήσει την δυναμική της εκπαιδευτικής και κοινωνικής επιρροής για να ξεφύγουμε από την παμπάλαιη νοοτροπία ο ένας–να–τρώει–τον–άλλο, να αναγνωρίσει την πραγματικότητα ενός ενσωματωμένου ανθρώπινου συστήματος και στο να προσαρμοστούμε εμείς αναλόγως.

Στην σημερινή παγκοσμιοποιημένη πραγματικότητα, ή όλοι κερδίζουμε ή όλοι χάνουμε διότι είμαστε αλληλοεξαρτώμενοι. Όταν αρκετοί άνθρωποι στον κόσμο ανοίξουν τα μάτια τους στα γεγονότα της παγκοσμιοποίησης και αμοιβαίας ευθύνης, μια μεγάλη αλλαγή θα αρχίσει. Οι χώρες και οι άνθρωποι θα σταματήσουν να αλληλοεκμεταλλεύονται, οι κοινοπραξίες μαμούθ δεν θα εκμεταλλεύονται εκατοντάδες εκατομμύριων χαμηλόμισθων ανθρώπων, τα παιδιά δεν θα αφήνονται να πεθαίνουν από πείνα, οι αρρώστιες θα θεραπεύονται από απλά αντιβιωτικά, οι γυναίκες δεν θα κακομεταχειρίζονται απλά και μόνο επειδή είναι γυναίκες.

Σ' έναν κόσμο που οι άνθρωποι γνωρίζουν ότι το δικό τους ευ ζειν εξαρτάται από το ευ ζειν των άλλων θα φροντίζουν για τους άλλους παρομοίως. Όροι όπως «πρώτος κόσμος» και «τρίτος κόσμος» θα παύσουν να υφίστανται. Θα υπάρχει ένας μόνο κόσμος και οι άνθρωποι που ζουν σ' αυτόν.

Εκπαίδευση σημαίνει η πληροφόρηση των ανθρώπων για τη νέα εποχή της παγκοσμιοποίησης, αμοιβαίας εξάρτησης και ευθύνης της οποίας είμαστε όλοι συμμέτοχοι. Οι πρόσφατες παγκόσμιες οικονομικές κρίσεις και η σειρά εξεγέρσεων σε όλο τον κόσμο είναι επαρκή στοιχεία ότι επηρεάζουμε ο ένας τον άλλο σε όλα τα επίπεδα της ζωής – οικονομικό, κοινωνικό, ακόμα και στο συναισθηματικό.

Το Ινστιτούτο ARI δουλεύει για να βελτιώσει την ενότητα και την αλληλεγγύη ανάμεσα στους ανθρώπους και τα έθνη, ταυτιζόμενο με την τωρινή αλληλοσυνδεόμενη πραγματικότητα.

Όπως μπορούμε να μάθουμε από την φύση, η ενότητα, η αμοιβαιότητα και αμοιβαία ευθύνη είναι προαπαιτούμενα για την ζωή. Κανένας οργανισμός δεν επιζεί αν τα κύτταρα δεν λειτουργούν αρμονικά. Παρομοίως, κανένα οικοσύστημα δεν ευδοκιμεί αν ένα από τα στοιχεία του αφαιρεθεί.

Η ανθρωπότητα είναι ένα αναπόσπαστο κομμάτι του φυσικού κόσμου. Όμως, είμαστε το μόνο είδος που, ως σύνολο, ακόμα δεν ακολουθεί τον φυσικό νόμο της αμοιβαίας εξάρτησης και αμοιβαιότητας. Το Ινστιτούτο ARI θεωρεί ότι η ανθρωπότητα αρχίζει να καταλαβαίνει ότι εμείς επίσης υπόκεινται στην αλληλοεξάρτηση και πρέπει να ακολουθήσουμε αυτόν τον κανόνα αν θέλουμε να επιζήσουμε και να ευημερήσουμε τον 21ο αιώνα.

Ασπάζοντας την αλληλοεξάρτηση από το να αδιαφορούμε ή να αντιστεκόμαστε σ' αυτήν, είναι το κλειδί για την επιτυχία στο να κτίσουμε μια βιώσιμη πραγματικότητα για τους εαυτούς μας και τα παιδιά μας.

Ακριβώς επειδή ο σημερινός κόσμος βρίσκεται στο σταυροδρόμι, το Ινστιτούτο ARI δεσμεύεται στην θετική και αισιόδοξη άποψη ότι έχουμε την μοναδική ευκαιρία να κατορθώσουμε την παγκόσμια μεταμόρφωση με έναν ειρηνικό και ευχάριστο τρόπο.

Υπό το φως όλων αυτών, η αποστολή του Ινστιτούτου ARI είναι να προωθήσει μια παγκόσμια συνειδητοποιημένη ανθρωπότητα για να ανταποκριθεί στις σημερινές προκλήσεις του αλληλοεξαρτώμενου κόσμου μας.

Σχετικά με τους συγγραφείς

Michael Laitman είναι Καθηγητής Οντολογίας , PhD στην Φιλοσοφία, MSc στην Βιοκυβερνητική, συγγραφέας 40 βιβλίων μεταφρασμένα σε 17 γλώσσες και μέλος του Συμβουλίου της Παγκόσμιας Σοφίας.

Anatoly Ulianov είναι Καθηγητής Ψυχολογίας στο Ινστιτούτο Αισθητικής Εκπαίδευσης, εγκεκριμένος θεραπευτής Gestalt από τον Ευρωπαικό Όμιλο (EAGT), και εκπαιδευτής όπως και καθηγητής στην Διεθνή Ακαδημία Ηγετικής.

Παραπομπές

[1] An Address to the 2011 International Finance Forum by Κριστίν Λαγκάρντ, Managing Director, International Monetary Fund, Beijing, November 9, 2011 (Ομιλία της Κριστίν Λαγκάρντ στο Διεθνές Οικονομικό Συνέδριο του 2011)

[2] Gordon Brown speaks to the Lord Mayor's Banquet:
http://www.labour.org.uk/lord_mayors_banquet

[3] D'Vera Cohn, Jeffrey Passel, Wendy Wang and Gretchen Livingston, "Barely Half of U.S. Adults Are Married – A Record Low," Pew Research Center (December 14, 2011),
http://www.pewsocialtrends.org/2011/12/14/barely-half-of-u-s-adults-are-married-a-record-low/?src=prc-headline

[4] "National survey shows a rise in illicit drug use from 2008 to 2010," SAMHSA News Release (August 9, 2011), «Εθνική έρευνα δείχνει άνοδο της παράνομης χρήσης ναρκωτικών από το 2008 έως το 2010».

[5] Albert R. Hunt, "A Country of Inmates," The New York Times (November 20, 2011),
http://www.nytimes.com/2011/11/21/us/21iht-letter21.html?pagewanted=all

[6] Nicholas D. Kristof http://www.nytimes.com/2008/02/28/us/28cnd-prison.html
http://www.samhsa.gov/newsroom/advisories/1109075503.aspx,
"Our Broken Escalator," The New York Times (July 16, 2011),
http://www.nytimes.com/2011/07/17/opinion/sunday/17kristof.html?_r=2

[7] Richard Vedder and Matthew Denhart, "Why does college cost so much?" CNN (December 2, 2011), «Γιατί το κολλέγιο στοιχίζει τόσο ακριβά»;
http://edition.cnn.com/2011/12/02/opinion/vedder-college-costs/index.html

[8] National Rifle Association Institute for Legislative Action, "Firearm Fact Card 2011,"
http://www.nraila.org/Issues/FactSheets/Read.aspx?ID=83

[9] Carol Cratty, "Gun sales at record levels, according to FBI background checks," CNN (December 28, 2011), «Οι πωλήσεις όπλων σε επίπεδα ρεκόρ, σύμφωνα με τις έρευνες του FBI».
http://edition.cnn.com/2011/12/27/us/record-gun-sales/index.html

[10] Kate Kelland, "Nearly 40 Percent of Europeans Suffer Mental Illness," Reuters (September 4, 2011) «Περίπου το 40% των Ευρωπαίων πάσχουν από νοητικές ασθένειες».
http://www.reuters.com/article/2011/09/04/us-europe-mental-illness-idUSTRE7832JJ20110904

[11] Toby Helm, "Most Britons believe children will have worse lives than their parents – poll," The Guardian (December 3, 2011), «Οι περισσότεροι Βρετανοί πιστεύουν ότι τα παιδιά τους θα έχουν χειρότερη ζωή από αυτή των γονέων τους».

[12] Scott Hamilton, "Roubini: Slowdown Brings Forward New Crisis," Bloomberg (September 6, 2011), «Η επιβράνδυση ακολουθείται με Νέα Κρίση».
http://www.bloomberg.com/news/2011-09-06/roubini-says-global-economic-slowdown-accelerating-next-financial-crisis.html

[13] Michael Babad, "George Soros: 'We are on the verge of an economic collapse,'" The Globe and Mail (June 27, 2011), «Είμαστε στα πρόθυρα μιας οικονομικής κατάρρευσης».
http://www.theglobeandmail.com/report-on-business/top-business-

stories/george-soros-we-are-on-the-verge-of-an-economic-collapse/article2076789/

[14] James Kirkup, "World facing worst financial crisis in history, Bank of England Governor says," The Telegraph (October 6, 2011), «Ο κόσμος βιώνει την χειρότερη οικονομική κρίση στην ιστορία».
http://www.telegraph.co.uk/finance/financialcrisis/8812260/World-facing-worst-financial-crisis-in-history-Bank-of-England-Governor-says.html

[15] Ian Goldin, "Navigating our global future," TED (October 2009), «Κυβερνώντας το παγκόσμιο μέλλον μας».
http://www.ted.com/talks/ian_goldin_navigating_our_global_future.html

[16] Fareed Zakaria, "Get Out the Wallets: The world needs Americans to spend, Newsweek (August 1, 2009), «Βγάλτε τα πορτοφόλια σας: Ο κόσμος θέλει τους Αμερικανούς να ξοδέψουν».
http://www.newsweek.com/2009/07/31/get-out-the-wallets.html

[17] "U.S. Debt Reaches 100 Percent of Country's GDP," Fox News (August 4, 2011),»Το χρέος των Η.Π.Α φτάνει στο 100% του ΑΕΠ».
http://www.foxnews.com/politics/2011/08/04/us-debt-reaches-100-percent-countrys-gdp/#ixzz1jIhe6Qly

[18] "The Debt to the Penny and Who Holds It," Treasury Direct, «Το Χρέος μέχρι και την τελευταία δεκάρα και ποιός το κατέχει».
http://www.treasurydirect.gov/NP/NPGateway

[19] Tim Jackson, "Tim Jackson's economic reality check" TED (October 2010),
http://www.ted.com/talks/lang/en/tim_jackson_s_economic_reality_check.html (min. 06:59)
Anthony Giddens, Runaway World: How Globalization is Reshaping Our Lives (N.Y., Routledge, 2003), 6-7.

[20] Anthony Giddens, Runaway World: How Globalization is Reshaping Our Lives (N.Y., Routledge, 2003), 6-7.

[21] Javier Solana and Daniel Innerarity, "The New Grammar of Power," Project Syndicate (July 1, 2011), http://www.project-syndicate.org/commentary/solana10/English)
Ludger Kühnhardt "A Call for the United States to Rediscover Its Ideals," The Globalist (May 24, 2011), «Κάλεσμα των Η.Π.Α για να ξαναβρούν τα ιδανικά τους».
http://www.theglobalist.com/storyid.aspx?StoryId=9149

[22] Ludger Kühnhardt "A Call for the United States to Rediscover Its Ideals," The Globalist (May 24, 2011), «Κάλεσμα των Η.Π.Α για να ξαναβρούν τα ιδανικά τους».
http://www.theglobalist.com/storyid.aspx?StoryId=9149

[23] Pascal Lamy "Lamy underlines need for 'unity in our global diversity,'" World Trade Organization (WTO) (June 14, 2011), «Ο Λάμυ υπογραμμίζει την ανάγκη για ενότητα στην παγκόσμια ποικιλότητα».
http://www.wto.org/english/news_e/sppl_e/sppl194_e.htm

[24] Gregory Rodriguez, "Rodriguez: Zero-sum games in an interconnected world," Los Angeles Times (August 1, 2011), «Παιχνίδια μηδενισμού σε έναν αλληλοσυνδεόμενο κόσμο».
http://articles.latimes.com/2011/aug/01/opinion/la-oe-rodriguez-zerosum-20110801

[25] L'Oeil de La Lettre, "'Think We, Not Me or I' – The Dalai Lama," La Lettre, Σκεφτείτε Εμείς και Όχι Εγώ ή Εμένα.
http://www.lalettredelaphotographie.com/entries/think-we-not-me-or-i-the-dalai-lama

[26] Alice Calaprice, *The New Quotable Einstein* (USA: Princeton University Press, 2005), 206

[27] Information extracted from the MIT Haystack Observatory. http://www.haystack.mit.edu/edu/pcr/.../3%20.../nuclear%20synthesis.pdf

[28] Werner Heisenberg, quoted by Ruth Nanda Anshen in Biography of an Idea (Moyer Bell, 1987), 224.

[29] G. Tyler Miller, Scott Spoolman, Living in the Environment: Principles, Connections, and Solutions, 16th Edition (U.S.A., Brooks/Cole, September 24, 2008), 15.

[30] Jean M. Twenge and W. Keith Campbell, The Narcissism Epidemic: Living in the Age of Entitlement (New York: Free Press, A Division of Simon & Schuster, Inc. 2009), 78.

[31] Jean M. Twenge and W. Keith Campbell, The Narcissism Epidemic,1

[32] Jean M. Twenge and W. Keith Campbell, The Narcissism Epidemic, 1-2.

[33] Fiona Harvey, "World headed for irreversible climate change in five years, IEA warns," The Guardian (November 9, 2011), «Ο Κόσμος οδηγήθηκε σε μια μη αναστρέψιμη κλιματική αλλαγή σε πέντε έτη». http://www.guardian.co.uk/environment/2011/nov/09/fossil-fuel-infrastructure-climate-change

[34] e360 digest, "Extreme Weather Events Likely Linked to Warming, IPCC Says" (November 1, 2011), «Ακραία καιρικά φαινόμενα συνδέονται άμεσα με την υπερθέρμανση του πλανήτη». http://e360.yale.edu/digest/extreme_weather_events_likely_linked_to_warming_ipcc_says/3195/

[35] "Fishing, Why It Matters, WWF, «Η Αλιεία, γιατί μας αφορά»; http://www.worldwildlife.org/what/globalmarkets/fishing/whyitmatters.html

[36] Ian Sample, "Global food crisis looms as climate change and population growth strip fertile land" (The Guardian, August 31, 2007), «Η παγκόσμια κρίση στα τρόφιμα φαντάζει καθώς η κλιματική αλλαγή και αύξηση του πληθυσμού απογυμνώνουν την γόνιμη γη». http://www.guardian.co.uk/environment/2007/aug/31/climatechange.food

[37] Ramy Inocencio, "World wastes 30% of all food," CNN (May 13, 2011), «Ο Κόσμος πετάει το 30% της τροφής». http://business.blogs.cnn.com/2011/05/13/30-of-all-worlds-food-goes-to-waste/

[38] Lester R. Brown, World on the Edge: How to Prevent Environmental and Economic Collapse (USA, W. W. Norton & Company, January 6, 2011), 16. Ο Κόσμος στο Χείλος: Πως να προλάβουλε την Περιβαλλοντική και Οικονομική κατάρρευση.

[39] Matthew Lee, "Hillary Clinton Raises Alarm on Rising Food Prices," Associated Press (May 6, 2011), published on cnsnews.com. «Η Χίλαρυ Κλίντον Προειδοποιεί για τις αυξανόμενες τιμές των τροφίμων». http://cnsnews.com/news/article/hillary-clinton-raises-alarm-rising-food-prices

[40] Ramy Inocencio, "World wastes 30% of all food," CNN (May 13, 2011), «Ο Κόσμος πετάει το 30% της τροφής». http://business.blogs.cnn.com/2011/05/13/30-of-all-worlds-food-goes-to-waste/

[41] "Ethics and the Global Financial Crisis," interview with Michel Camdessus, uploaded to YouTube by romereports (April 1, 2009), «Ηθική και η Παγκόσμια Οικονομική κρίση». http://www.youtube.com/watch?v=M3q8XFLDWIg

[42] Steve Connor, "Warning: Oil supplies are running out fast," The Independent (August 3, 2009), «Προειδοποίηση: Τα αποθέματα πετρελαίου τελειώνουν γρήγορα».

http://www.independent.co.uk/news/science/warning-oil-supplies-are-running-out-fast-1766585.html

[43] Quoted in: Laszlo Solymar, Donald Walsh, Lectures on the electrical properties of materials, "Introduction" (UK, Oxford University Press, 1993), xiii.

[44] Martin Luther King, Jr. "Facing the Challenge of a New Age" (December, 1956), «Αντιμετωπίζοντας την πρόκληση της Νέας Εποχής». http://www.libertynet.org/edcivic/king.html

[45] Nicholas A. Christakis, James H. Fowler, Connected: The Surprising Power of Our Social Networks and How They Shape Our Lives – How Your Friends' Friends' Friends Affect Everything You Feel, Think, and Do (USA, Little, Brown and Company, January 12, 2011), 305. Συνδεδεμένοι: Η Εκπληκτική Δύναμη των Κοινωνικών μας δικτύων και πως καθορίζουν τις ζωές μας – Πως οι φίλοι των φίλων σου οι φίλοι επηρεάζουν οτιδήποτε αισθάνεστε, σκέπτεστε και κάνετε».

[46] Maria Konnikova, "Lessons from Sherlock Holmes: The Power of Public Opinion," Scientific American, "Blogs" (September 13, 2011), «Μαθήματα από τον Σέρλοκ Χολμς: Η Δύναμη της Κοινής Γνώμης». http://blogs.scientificamerican.com/guest-blog/2011/09/13/lessons-from-sherlock-holmes-the-power-of-public-opinion/

[47] Kavita Abraham Dowsing, PhD, and James Deane, "The Power of Public Discourse," «Η Δύναμη του Δημόσιου Διαλόγου». http://wbi.worldbank.org/wbi/devoutreach/article/1298/power-public-discourse

[48] Saul McLeod, "Asch Experiment," Simply Psychology, 2008. http://www.simplypsychology.org/asch-conformity.html

[49] "Thanks for the Memories," an experiment in false memories conducted by Prof. Yadin Dudai and Micah Edelson of the Institute's Neurobiology Department, together with Prof. Raymond Dolan and

Dr. Tali Sharot of University College London (released August 29, 2011). http://wis-wander.weizmann.ac.il/thanks-for-the-memories

[50] Erich Fromm, The Art of Loving (U.S.A., Harper Perennial, September 5, 2000), 13.

[51] Eryn Brown, "Violent video games and changes in the brain," Los Angeles Times (November 30, 2011), «Βίαια βιντεοπαιχνίδια και αλλαγές στον εγκέφαλο».
http://www.latimes.com/health/boostershots/la-heb-violent-videogame-brain-20111130,0,6877853.story

[52] Following the July 22, 2011 attack on Norwegians by a Norway native: "Report: Norwegian Retailer Pulls Violent Games In Wake Of Attack," DigiPen Institute of Technology (July 29, 2011), Μετά την επίθεση της 22 Ιουλίου στους Νορβηγούς από έναν κάτοικο της: «Αναφορά: Νορβηγός έμπορος αποσύρει βίαια βιντεοπαιχνίδια λόγω της επίθεσης».
http://www.gamecareerguide.com/industry_news/36185/report_norwegian_retailer_pulls_.php

[53] David Jenkins, "Mass Shooting In Germany Prompts Retailer To Drop Mature-Rated Games," Gamasutra (March 20, 2009), «Ομαδική επίθεση με όπλο παρακινεί έμπορο να αποσύρει παιχνίδια αυστηρά για ενήλικους».
http://www.gamasutra.com/news/production/?story=22839

[54] University of Michigan Health System, "Television and Children." http://www.med.umich.edu/yourchild/topics/tv.htm

[55] Martin Buber, philosopher and educator, A Nation and a World: Essays on current events, trans. from Hebrew: Chaim Ratz (Israel, Zionistic Library Publications, 1964), 220.

⁵⁶ George Monbiot, "The British boarding school remains a bastion of cruelty," The Guardian (January 16, 2012), «Βρετανικό σχολικό οικοτροφείο παραμένει προπύργιο σκληρότητας». http://www.guardian.co.uk/commentisfree/2012/jan/16/boarding-school-bastion-cruelty Note: While this story addresses the problems of schools in the U.K., the data it gives of the state of Texas schools is no less alarming.

⁵⁷ Victoria Burnett, "A Job and No Mortgage for All in a Spanish Town," The New York Times (May 25, 2009), «Μια Ισπανική πόλη χωρίς δάνεια κατοικίας και δουλειά για όλους». http://www.nytimes.com/2009/05/26/world/europe/26spain.html?pagewanted=all

⁵⁸ Andy Sernovitz, Word of Mouth Marketing: How Smart Companies Get People Talking, Revised Edition, (U.S.A. Kaplan Press, February 3, 2009), 4.

⁵⁹ Clive Thompson, "Are Your Friends Making You Fat?", The New York Times (September 10, 2009). http://www.nytimes.com/2009/09/13/magazine/13contagion-t.html?_r=1&th&emc=th

⁶⁰ (ibid.)
⁶¹ (ibid.)
⁶² (ibid.)

⁶³ "Nicholas Christakis: The hidden influence of social networks" (a talk, quote taken from minute 17:11), TED 2010, «Η κρυφή επιρροή των κοινωνικών δικτύων». http://www.ted.com/talks/nicholas_christakis_the_hidden_influence_of_social_networks.html

⁶⁴ "ILO warns of major G20 labour market decline in 2012 and serious jobs shortfall by 2015," International Labor Organization (ILO)

(September 26, 2011), «Η ΙΛΟ προειδοποιεί την G20 για ραγδαία πτώση στην αγορά εργασίας και σοβαρή έλλειψη θέσεων εργασίας».
http://www.ilo.org/global/about-the-ilo/press-and-media-centre/news/WCMS_163835/lang--en/index.htm

[65] Daniel Woolls, "Spain's Unemployment Rate Hits New Eurozone Record Of 21.3 Percent," The Huffington Post (April 29, 2011). «Η ανεργία στην Ισπανία ανέρχεται σε επίπεδα ρεκόρ της Ευρωζώνης στο 21.3%».
http://www.huffingtonpost.com/2011/04/29/span-unemployment-inflation-economy-debt_n_855341.html

[66] "Employment Situation Summary," Bureau of Labor Statistics (January 6, 2012). http://www.bls.gov/news.release/empsit.nr0.htm

[67] Felix Salmon, "The global youth unemployment crisis," Reuters (December 22, 2011), «Η παγκόσμια κρίση ανεργίας στους νέους».
http://blogs.reuters.com/felix-salmon/2011/12/22/the-global-youth-unemployment-crisis/

[68] Ulrich Beck, The Brave New World of Work (USA, Polity, 1 edition, January 15, 2000), 2.

[69] Thomas L. Friedman, "The Earth is Full," The New York Times (June 7, 2011).
http://www.nytimes.com/2011/06/08/opinion/08friedman.html?scp=1&sq=the%20earth%20is%20full%20thomas%20friedman&st=cse

[70] Adir Cohen, The gate of light: Janusz Korczak, the educator and writer who overcame the Holocaust (USA, Fairleigh Dickinson Univ Press, Dec 1, 1994), 31.

[71] David W. Johnson and Roger T. Johnson, "An Educational Psychology Success Story: Social Interdependence Theory and Cooperative Learning," Educational Researcher 38 (2009): 365, doi: 10.3102/0013189X09339057.

[72] Johnson and Johnson, "Educational Psychology Success Story," 368.

[73] Johnson and Johnson, "Educational Psychology Success Story," 371.
[74] (ibid.)
[75] For more on education, see Appendix 1: The Mutual Guarantee – Educational Agenda.

[76] Christine Lagarde, "The Path Forward: Act Now and Act Together," International Monetary Fund (IMF) (September 23, 2011).
http://www.imf.org/external/np/speeches/2011/092311.htm

[77] "Minority Rules: Scientists Discover Tipping Point for the Spread of Ideas," SCNARC (July 26, 2011), «Κανόνες μειονότητας: Οι επιστήμονες ανακαλύπτουν το κρίσιμο σημείο για την διάδοση των Ιδεών».

[78] Appears in "The Oneness of Mind," as translated in Quantum Questions: Mystical Writings of the World's Great Physicists, edited by Ken Wilber (USA, Shambhala Publications, Inc., Revised edition, April 10, 2001), 87.

[79] Mohamed A. El-Erian, "The Anatomy of Global Economic Uncertainty," Project Syndicate (November 18, 2011), «Η Ανατομία της Παγκόσμιας Οικονομικής Αβεβαιότητας».
http://www.project-syndicate.org/commentary/elerian11/English

[80] Albert Einstein, Alice Calaprice and Freeman Dyson, The Ultimate Quotable Einstein (USA, Princeton University Press, October 11, 2010), 476

[81] Efrat Peretz, "We Must Prepare for a World of Equal Revenue Sharing," trans. Chaim Ratz, Globes (October 18, 2011), «Πρέπει να προετοιμαστούμε για έναν κόσμο με ίσα εισοδήματα».
http://www.globes.co.il/news/article.aspx?QUID=1057,U131906212 9813&did=1000691044

[82] Dr. Joseph E. Stiglitz, "Imagining an Economics that Works: Crisis, Contagion and the Need for a New Paradigm," The New Palgrave Dictionary of Economics Online (min 1:36), «Σχεδιάζοντας μια Οικονομία που λειτουργεί: Η Κρίση, η Μετάδοση και η ανάγκη για ένα νέο Παράδειγμα».
http://www.dictionaryofeconomics.com/resources/news_lindau_meeting

[83] "Fischer on Fed's Toolbox," CNBC Video (August 25, 2011).
http://video.cnbc.com/gallery/?video=3000041703#eyJ2aWQiOiIzMDAwMDQxNzAzIiwiZW5jVmlkIjoiZ2FJT0RCZmJpdmhYQzZZNUxTNTZwdz09IiwidlRhYil6ImluZm8iLCJ2UGFnZSI6MSwiZ05hdiI6WyLCoExhdGVzdCBWaWRlbyJdLCJnU2VjdCI6IkFMTCIsImdQYWdlIjoiMSIsInN5bSI6IiIsInNlYXJjaCI6IiJ9 (min 2:50)

[84] Hal R. Arkes and Catherine Blumer, "The Psychology of Sunk Cost," Organizational Behavior and Human Decision Processes 35, 124-140 (1985).
http://www.google.com/url?sa=t&rct=j&q=&esrc=s&source=web&cd=1&sqi=2&ved=0CCUQFjAA&url=http%3A%2F%2Fcommonsenseatheism.com%2Fwp-content%2Fuploads%2F2011%2F09%2FArkes-Blumer-The-psychology-of-sunk-cost.pdf&ei=Uy4cT8v1KdDsOci89JkL&usg=AFQjCNFE8XVozdwg8RWkdmY2LfgvVMDZQ&sig2=2NzX5HvZjbct06MbtqPqXw

[85] Richard McGill Murphy, "Why Doing Good Is Good for Business," CNN Money (February 2, 2010), «Γιατί το να κάνουμε το καλό είναι καλά για την επιχείρηση».
http://money.cnn.com/2010/02/01/news/companies/dov_seidman_lrn.fortune/

[86] CNN Wire Staff, "Tear gas flies during Chilean student protests," CNN (August 9, 2011), «Δακρυγόνα εκτοξεύονται κατά την διάρκεια φοιτητικών διαδηλώσεων στην Χιλή».

http://edition.cnn.com/2011/WORLD/americas/08/09/chile.protests/index.html

[87] J. David Goodman, "At Least 80 Dead in Norway Shooting," The New York Times (July 22, 2011), «Τουλάχιστον 80 Νορβηγοί νεκροί από πυροβολισμούς».
http://www.nytimes.com/2011/07/23/world/europe/23oslo.html?pagewanted=all

[88] Thomas L. Friedman, "A Theory of Everything (Sort Of)," The York Times (August 13, 2011).
http://www.nytimes.com/2011/08/14/opinion/sunday/Friedman-a-theory-of-everyting-sort-of.html?_r=1

[89] David W. Johnson and Roger T. Johnson, "An Educational Psychology Success Story: Social Interdependence Theory and Cooperative Learning," Educational Researcher 38 (2009): 365, doi: 10.3102/0013189X09339057. «Μια πετυχημένη ιστορία στην εκπαιδευτική ψυχολογία: Η Θεωρία της Κοινωνικής Αλληλοεξάρτησης και η Συνεργατική Μάθηση».

[90] Nouriel Roubini, "ROUBINI: Ignore The Recent Economic Data — There's Still More Than A 50% Chance Of Recession," Business Insider (October 25, 2011).
«Ρουμπινί: Αγνοήστε τα πρόσφατα οικονομικά στοιχεία- Υπάρχουν ακόμα πιθανότητες για ύφεση περισσότερο του 50%».

[91] "Short films from the 2011 Lindau Nobel Laureate Meeting in Economic Sciences," The New Palgrave Dictionary of Economics Online.
http://www.dictionaryofeconomics.com/resources/news_lindau_meeting (the above-mentioned statement is in Stiglitz's video after 10:05 minutes)

[92] Amiel Ungar, "Polish Finance Minister Warns of War if EU Collapses," Arutz Sheva (September 16, 2011), «Ο Πολωνός Υπουργός Οικονομικών προειδοποιεί για πόλεμο αν η Ευρωπαική Ένωση καταρρεύσει».
http://www.israelnationalnews.com/News/News.aspx/147945#.TrU byPSArqE

[93] Sebastian Boyd, "Chilean Peso Advances After Merkel Urges Firewall Around Greece," Bloomberg (September 26, 2011), «Το Πέσο της Χιλής με άνοδο αμέσως μόλις η Μέρκελ προτρέπει για Τείχος Ασφαλείας γύρω από την Ελλάδα».
http://www.businessweek.com/news/2011-09-26/chilean-peso-advances-after-merkel-urges-firewall-around-greece.html

[94] Simon Kennedy, Rich Miller and Gabi Thesing, "Pimco sees Europe sliding into recession," Financial Post (September 26, 2011), «Η Pimco βλέπει την Ευρώπη να γλυστράει προς την ύφεση».
http://business.financialpost.com/2011/09/26/pimco-sees-europe-sliding-into-recession/

[95] Daniel Woolls, "Spain's Unemployment Rate Hits New Eurozone Record Of 21.3 Percent," Huffington Post (April 29, 2011), «Η ανεργία στην Ισπανία κτυπάει το ρεκόρ του 21.3%».
http://www.huffingtonpost.com/2011/04/29/span-unemployment-inflation-economy-debt_n_855341.html

[96] United States Department of Labor, Bureau of Labor Statistics. www.bls.gov/news.release/empsit.nr0.htm

[97] Perhaps the most notable examples are the studies published in the book, Connected: The Surprising Power of Our Social Networks and How They Shape Our Lives—How Your Friends' Friends' Friends Affect Everything You Feel, Think, and Do, by Dr. Nicholas A. Christakis and Prof. James Fowler:
Ίσως τα πιο σημαντικά παραδείγματα είναι οι μελέτες που δημοσιεύτηκαν στο βιβλίο, Συνδεδεμένοι: Η Απίστευτη Δύναμη των

Κοινωνικών Δικτύων και Πως Διαμορφώνουν τις Ζωές Μας- Πως οι Φίλοι Των Φίλων οι Φίλοι επηρεάζουν οτιδήποτε αισθάνεστε, σκέπτεστε και κάνετε» by Dr. Nicholas A. Christakis and Prof. James Fowler.
- Christakis, N. A.; Fowler, JH (22 May 2008). "The Collective Dynamics of Smoking in a Large Social Network" (PDF). New England Journal of Medicine 358 (21): 2249–2258. «Η Συλλογική Δυναμική του καπνίσματος σε ένα Μεγάλο Κοινωνικό Δίκτυο».
- Christakis, N. A.; Fowler, JH (26 July 2007). "The Spread of Obesity in a Large Social Network Over 32 Years" (PDF). New England Journal of Medicine 357 (4): 370–379. «Η εξάπλωση της Παχυσαρκίας σε ένα Μεγάλο Κοινωνικό Δίκτυο για περισσότερο από 32 έτη».
- Fowler, J. H.; Christakis, N. A (3 January 2009). "Dynamic Spread of Happiness in a Large Social Network: Longitudinal Analysis Over 20 Years in the Framingham Heart Study" (PDF). British Medical Journal 337 (768): a2338.doi:10.1136/bmj.a2338. PMC 2600606. PMID 19056788. «Η Δυναμική Εξάπλωσης της Ευτυχίας σε ένα Μεγάλο Κοινωνικό Δίκτυο».
- Christakis, N. A.; Fowler, JH (26 July 2007). "The Spread of Obesity in a Large Social Network Over 32 Years" (PDF). New England Journal of Medicine 357 (4): 370–379

[98] "Average credit card debt per household with credit card debt: $15,799." By: Ben Woolsey and Matt Schulz, "Credit card statistics, industry facts, debt statistics." «Το μέσο χρέος πιστωτικών καρτών σε κάθε νοικοκυριό στα $15,799». By: Ben Woolsey and Matt Schulz, «Στατιστική στις πιστωτικές κάρτες, βιομηχανικά στοιχεία, στατιστική χρέους».

[99] "CreditCards.com, http://www.creditcards.com/credit-card-news/credit-card-industry-facts-personal-debt-statistics-1276.php#Credit-card-debt
"The average British adult already owes £29,500, about 123 per cent of average earnings." By: Jeff Randall, "The debt trap time bomb,"

The Telegraph (October 31, 2011), «Ο μέσος Βρετανός ενήλικας χρωστάει ήδη 29,500 Λίρες, περίπου 10% του μέσου εισοδήματος».
http://www.telegraph.co.uk/finance/comment/jeffrandall/8859082/The-debt-trap-time-bomb.html

[100] Ramy Inocencio, "World wastes 30% of all food," CNN Business 360 (May 13, 2011), «Ο κόσμος σπαταλά 30% της συνολικής παραγόμενης τροφής».
http://business.blogs.cnn.com/2011/05/13/30-of-all-worlds-food-goes-to-waste/

[101] Tay, L., & Diener, E., "Needs and subjective well-being around the world," Journal of Personality and Social Psychology (2011), 101(2), 354-365. doi:10.1037/a0023779.

[102] "Education," Encyclopædia Britannica,
«Οι ανάγκες και αντικειμενικά το ευ ζειν σε όλον τον κόσμο», «Περιοδικό της Προσωπικότητας και της Κοινωνικής Ψυχολογίας».
http://www.britannica.com/EBchecked/topic/179408/education

[103] Probably the most notable example of the influence of the social environment on our psyche and even our physical well-being is the book, Connected: The Surprising Power of Our Social Networks and How They Shape Our Lives – How Your Friends' Friends' Friends Affect Everything You Feel, Think, and Do, by Nicholas A. Christakis, MD, PhD, and James H. Fowler, PhD (Little, Brown and Co., 2010).
Πιθανόν, το πιο σημαντικό παράδειγμα της επιρροής του κοινωνικού περιβάλλοντος στην ψυχή μας ακόμα και στο πραγματικο ευ ζειν μας είναι το βιβλίο, *«Συνδεδεμένοι: Η Απίστευτη Δύναμη των Κοινωνικών Δικτύων και Πως Διαμορφώνουν τις Ζωές Μας – Πως οι Φίλοι Των Φίλων οι Φίλοι επηρεάζουν οτιδήποτε αισθάνεστε, σκέπτεστε και κάνετε»*, by Dr. Nicholas A. Christakis and Prof. James Fowler.

Contact Information

Inquiries and general information:
greek@kabbalah.info

USA
2009 85th St., Suite 51
Brooklyn NY, USA -11214
Tel. + 1-800-540-3234

Canada
1057 Steeles Avenue West, Suite 532
Toronto, ON – M2R 3X1 Canada
Tel. +1-416-840-5487

Israel
12 HaRabash St.
Petah Tikva, Israel
Phone: +972-3-541-9400

www.ingramcontent.com/pod-product-compliance
Lightning Source LLC
Chambersburg PA
CBHW071456080526
44587CB00014B/2126